# सरे राह चलते चलते

(यात्रा वृत्तान्त)

डॉ. कुसुम अंसल

राजपाल

स्थापित 1912
100 वर्षों की
श्रेष्ठ प्रकाशन परम्परा
राजपाल

₹ 325

ISBN : 9789350642528



SARE RAAH CHALTE CHALTE (Travelogue) by Kusum Ansal
मुद्रक : रेकमो प्रेस लिमिटेड, नयी दिल्ली

**राजपाल एण्ड सन्ज़**

1590, मदरसा रोड, कश्मीरी गेट-दिल्ली-110006
फोन: 011-23869812, 23865483, फैक्स: 011-23867791
e-mail : sales@rajpalpublishing.com
www.rajpalpublishing.com
www.facebook.com/rajpalandsons

# क्रम

# भूमिका

मनुष्य स्वभाव से ही अन्वेषक रहा है, जिज्ञासु, जानने, खोज निकालने के प्रति उसकी प्रयत्नशीलता उसे एक स्थान से दूसरे स्थान तक ले जाती है। इतिहास गवाह है कि मनुष्य नये अनुसंधान के तहत पहाड़, समुद्र, नदियाँ, बियाबान जंगल फलाँग कर कुछ-न-कुछ हासिल करके ही लौटा। कोलम्बस की यात्रा से लेकर चाँद तक पहुँच जाने का मनुष्य का सफल अभियान क्या कम रोमांचक है? सृष्टि के आरम्भ से मनुष्य के कदम भौगोलिक सीमाएँ नापते, नये सृजन करते अनवरत चले ही जा रहे हैं—शायद यही कारण है कि इन यात्राओं के बलबूते पर मनुष्य ने विविध सभ्यताओं और संस्कृतियों का ज्ञान अर्जित करके एक वांछित संसार की संरचना कर ली है और अपने लिए अजीबो-गरीब कीर्तिस्तम्भ स्थापित कर लिया है। पूरे संसार में, विशालकाय भवन, कैथीड्रल, मन्दिर, स्मारक, मीनारें, बाग-बगीचे, ऐसा क्या था जो रचा नहीं गया? हमें सतही तौर पर लगता है कि हमें बहुत ज्ञान है—परन्तु वास्तव में हम सभी कुछ जान पाए हैं क्या? हमारे अनुमान से परे, हमारे ज्ञान के ऊपर बहुत कुछ है जो हमें जानना है—देखना है—"सितारों से आगे जहाँ और भी है...।" शायद इसीलिए यात्राओं का जन्म हुआ होगा, क्योंकि यात्राएँ ही याद दिलाती हैं कि चलते जाना जीवन है, अनुभव बटोरना ज्ञान है और अनुसंधान मनुष्य का कर्म। मंज़िल, मंज़िल है वह जीवन सत्य, जहाँ तक पहुँचना है।

मेरे लिए यात्रा, मेरे भीतर अनवरत चलती एक तलाश का जैसे प्रत्युत्तर है। न जाने क्यों सुदूर देश की धरती, उसकी सुनी-अनसुनी कहानियाँ, वहाँ के निवासियों के प्रति एक अपरिभाषित उत्सुकता मेरे मन में रहस्य का एक तंतुजाल बुनती है जो मेरी चेतना पर छा कर मेरे अस्तित्व को बेचैनी से भर देता है। बहुधा कहा

जाता है कि प्रसन्नता कहीं बाहर नहीं प्राप्त होती, उसका स्रोत मनुष्य के भीतर है, मनुष्य के हृदय में है, फिर भी हम प्रसन्नता को बाहर खोजते हैं—सांसारिक वस्तुओं में या अपने से दूसरे के अस्तित्व में। सबके लिए प्रसन्नता के अर्थ भिन्न होते हैं, उसी के अनुसार हर कोई अपने जीवन में अपनी इच्छाओं और रुचियों को ढालता चला जाता है, शायद इसीलिए अनुसंधान के लिए यात्रा या यात्रा के मध्य अनुसंधान मेरा आकर्षण बन गया।

स्कूल-कॉलेज में इतिहास और भूगोल की पुस्तकों से पाया देश-विदेश का ज्ञान मन में उत्सुकता बिखेरता था और मैं सपना देखने लग जाती थी कि किसी हवाई जहाज़ में परिचारिका बनकर हवाओं में उड़ जाऊँगी और मज़े से सारे संसार को एक अल्हड़ पंछी की तरह उड़ती, चलती देख डालूँगी, परन्तु बहुत-से वर्ष बेआवाज़ निकल गए, अनेक यान मुझे लि़ये बिना उड़ गए तो मैंने भविष्य दृष्टाओं के आगे हाथों की लकीरें फैलाकर अपनी एकमात्र इच्छा, अपनी विदेश यात्राओं की जानकारी हासिल करने का प्रयास किया। धीरे-धीरे मेरी उन बारीक मोटी रेखाओं ने मेरे लिए एक रास्ता तराश दिया, बस मेरी वर्षों से संचित इच्छा को पंख लग गए और मैं उड़ने लगी। पिछले कुछ वर्ष मेरे होने की सार्थकता के थे तभी तो मैंने संसार का बहुत कुछ देख डाला। इन यात्राओं ने मुझे उन्माद-सुख, तृप्ति-आनन्द ही नहीं दिया, मेरे भीतर अनुभवों का खज़ाना भर दिया। अपनी यात्राओं के साथ मैं मानसिक रूप से मैच्योर (mature) ही नहीं हुई, अनुभवों से अर्जित इस ख़ज़ाने ने मेरे लेखन को भी एक नया दृष्टिकोण प्रदान किया।

जैसे ही मेरे पैर विदेश की अजनबी धरती पर पड़ते मेरे पूरे अस्तित्व में जैसे प्रसन्नता के साथ-साथ अनुसंधान—रोमांच-सा बह उठता, एक नया शहर मेरी पुरानी चेतना को दस्तक देता और मैं उसके प्राकृतिक या ऐतिहासिक स्वरूप के साथ-साथ उसके अति साधारण से निवासियों की जीवन-पद्धति, उनके मूल्य, उनके खानपान सभी कुछ जानने को जैसे बेचैन हो जाती। गाइड की रटी-रटाई विरुदावली से भागकर मैं शहर की छोटी, संकरी गलियों में घुस जाती, छोटे-छोटे घरों के दरवाज़ों पर पड़े पर्दे उठाकर उनकी ज़िन्दगी की झलक, उनके खानपान के साथ-साथ उनकी मित्रता भी पा जाने का भरसक प्रयास करती। बहुत बार कुछ दरवाज़े (जापान में) मेरे लिए खुले ही नहीं, बहुत बार उन दरवाज़ों के पीछे मैंने मनुष्यता की उस अछूती संवेदना को अपनी उँगलियों से छू लिया, जिसका स्पर्श मेरे लिए अमूल्य था। केअरो

शहर में विशालकाय पिरामिड की महानता के निकट खड़े होकर मेरा मन अनेक प्रश्नों से भर जाता था—महिमामंडित मृत्यु को जीता हुआ यह शहर आज भी करोड़ों वर्षों की शवयात्रा में जैसे फ्रीज़ हो गया है—नील नदी पर छोटे-छोटे जलपोतों पर अर्धनग्न 'बैली-डांसर्स' उसमें प्राणप्रतिष्ठा करने का प्रयास तो करती हैं, परन्तु सूनी-सूनी आँखों से, वर्षों से एकटक रेगिस्तान की अनन्तता को देखता, आधा शेर-आधा मनुष्य यह स्फिंक्स चेतना पर दस्तक देता है। उन खोखली आँखों की प्रतीक्षा की मिसाल संसार में और कहाँ होगी। इस शहर में सजे-सजाये ऊँटों की या गधे की सवारी करते लोग, पतली संकरी गलियों में नानबाई की रोटी की गंध या इत्र छानने की खुशबू जहाँ मुझे मेरे बचपन के शहर से जोड़ देती थी, वहीं दूसरी ओर जापान के सोफिस्टिकेटेड (sophisticated), सलीकेदार शहर—उसकी कीमती सज्जा से हतप्रभ होती मैं नारा में भगवान बुद्ध की उस महान प्रतिमा के सम्मुख नतमस्तक हो जाती थी। उसकी विशालता के निकट अपने बौनेपन का एहसास अपने अस्तित्व को सदाशयता के मूल तक ले आता था। विलगाव के उस पल में श्रद्धा से झुका मेरा अपनापन जैसे किसी अनुभवातीतता को छू आता है। कुछ वैसा ही अनुभव तब हुआ था जब, मसाई मारा की सफ़ारी के समय, घने जंगलों के बीचोबीच अचानक जंगल के शासक शेर आमने-सामने उसके आग्नेय नेत्रों की वह दृष्टि मेरे भीतर भय का सृजन कर गई थी—सशरीर मृत्यु।

जेरूसलम की यात्रा के समय प्राकृतिक सौन्दर्य पर इतिहास हावी था। वहाँ की हवाओं में ईसा काल से आज तक खड़े वर्षों पुराने औलिव वृक्षों की गंध घुली हुई थी। उस पुरातन वृक्ष के झड़े पत्तों को मुट्ठी में दबाकर जब 'जाफा-गेट' से भीतर प्रवेश किया और तीन धर्मों को एक ही धरती पर पास-पास साँस लेते देखा तो आश्चर्यचकित रह जाना पड़ा। 'वेलिंग-वॉल' के निकट प्रार्थना में डूबे यहूदी, गिरिजाघर में घुटनों के बल बैठे ईसाई-हज़रत मोहम्मद के पैरों की छुअन से सारगर्भित चट्टान का वह कोना—नमाज़ की अजान, सारा वातावरण भगवान के नाम से स्पंदित था, भाषाएँ, वेशभूषाएँ और नाम लेने की पद्धतियाँ भिन्न थीं परन्तु नाम एक ही था—और वह नाम जैसे उस शहर के कण-कण में समाहित था। रोमांच के उन पलों में मेरे आँसू चेहरे को ही नहीं, मन को भी गीला कर गए थे।

जहाँ तक मानवीय सम्बन्धों का प्रश्न था, मुझे इतने अजीब अनुभव हुए, ऐसे रिश्ते पनप गए सुदूर बैठे अनजान लोगों के साथ, जिनकी भाषा तक हम

नहीं जानते थे कि आश्चर्य होता है। कोपेनहेगन में अपने पिता की उम्र के भाई डॉ. रेडवैनोविक से मुलाकात होने पर लगा जैसे उनका परिवार मेरा ही बिम्ब मुझे लौटा रहा था। ''मानव प्रतिभा में एक कठोर पैटर्न खुदा हुआ है, जो आदिकाल से बदला नहीं है।'', सार्त्र के इस वाक्य से मुझे भी लगता रहा, कितनी भी दूरियाँ नाप लो, इन्सान का 'पैटर्न' बदलता नहीं है। तभी तो चीन की राजधानी बीजिंग में सैर को निकलते ही मुझे अचानक गोबिन्द भाई मिल गए, साड़ी में लिपटी उनकी पत्नी हमारे सम्बन्धों की कड़ी बन गईं। उनकी आँखों की चमकीली मुस्कान ने मेरी ही पहचान मुझे पकड़ा दी, उन्होंने बताया कि मेरी फिल्म 'पंचवटी' के माध्यम से वह मुझे जानते हैं। अपरिचित शहर का यह परिचय मुझे वहाँ के लेखकों तक ले गया और वहाँ मेरी भेंट प्रसिद्ध लेखक श्री चिंग दिन हान से हुई जिन्होंने कुछ महीने पहले भारत में रहकर *रामायण* का चीनी भाषा में अनुवाद किया था। ऐसे ही लाहौर में बँटवारे के समय छूटा अपना घर खोजते हुए अमृत भाई और हम सब वहाँ के लोगों की आत्मीयता के उस छोर तक जा पहुँचे थे, जहाँ प्रेम ही प्रेम था—बँटवारों की ज़मीन—बीच में बँधी हुई काँटेदार तार अर्थहीन हो जाती है। कराची में अपनी मित्रों से पाया प्रेम, जीवन की अमूल्य निधि है।

महाकवि यूलैसिस की तरह ''आई कैन नॉट रैस्ट फ्रॉम ट्रैवल'', मैं भी शायद नही रुक सकूँगी...चलती रहूँगी। धरती का गुरुत्वाकर्षण मेरे लिए विशेष रूप से अर्थपूर्ण है, वह मुझे आकर्षित ही नहीं करता, पूरे वेग से खींचता भी है। मैं चले जा रही हूँ—क्योंकि इस धरती पर अभी बहुत कुछ है—युटोपिआ भी दूर नहीं है या चाँद, जिसे जानना है। मेरी आशावादी खोज अन्तहीन है और मेरी यात्रा जाने कहाँ तक?

'विश्रांति' —**कुसुम अंसल**

26, फिरोजशाह रोड, नयी दिल्ली

# स्मृतियों का अतीत–कीनिया

29 जुलाई : हम एअर इंडिया की मुम्बई जाने वाली उड़ान पर सवार हो जाते हैं। यह यात्रा एक कड़ी है जो हमें कीनिया की राजधानी नैरोबी से जोड़ती है। तीस तारीख की दोपहर को ढाई बजे यही जहाज़ हमें नैरोबी की ओर ले चलता है। मन में अद्भुत सिहरन-सी है। याद आ रहा है एक काव्यांश :

*रखते-राहे-मुहब्बत रह न जाना राह में*
*लज्जते-सहरानवर्दी दूरी-ए-मंज़िल में हैं।*

वह जो दूर की मंज़िल है, वह जो दूर की मंज़िल की ओर जाने वाला मार्ग है, आनन्द उसमें चलते जाने में है, तुम रुकना मत चलते जाना। क्योंकि 'लज्जते-सहरानवर्दी', वह जो जंगल में विचरना है वही सुख है, दूर मंज़िल तो सिर्फ़ बहाना है। जो जंगल में घूमने के लिए हम अपने आप से कर लेते हैं।

मुझे भी तो यात्राएँ करने का बहुत शौक है–चलना या गति मुझे जीवन्त रखती है, अन्यथा अपने घर, शहर का अखंडित कोलाहल नसों में बहकर जीवन को दूषित कर जाता है। तब मुझे लगने लगता है कि दूर क्षितिज पर जो सौन्दर्य दिखाई पड़ रहा है, उसकी ओर दौड़ती हुई चली जाऊँ। उसे आँखों में भर लूँ, मन में समो लूँ...मुट्ठियों में समेट लूँ। नये अनुभव ही नहीं, ये यात्राएँ मुझे एक सोच पकड़ाती हैं, एक अनुसंधान जो शायद समतल चलती जीवन-यात्रा के मध्य कभी उपलब्ध नहीं होते। मेरे ये यात्रा-अनुभव खूँटियाँ हैं जिन पर मैं अपने आप को टाँग देती हूँ। इनके सहारे मेरी चेतना जो भी गुनगुनाती है, वह और कुछ नहीं, मेरे अपने अनुभवों की उपलब्धियों की आत्मकथा होती है।

मैंने यूँ तो बहुत-सी यात्राएँ की हैं–यूरोप, अमेरिका, चीन, जापान, रूस, साउथ-ईस्ट एशिया, ईराक। उन सबके लिए मन में एक सहज ललक थी, पर कल्पना

में भी मैंने अफ्रीका के इस प्रदेश के बारे में कभी कुछ नहीं सोचा था, परन्तु जब दामाद राहुल और बेटी अल्पना ने हमें साथ चलने का आमन्त्रण दिया तो लगा, अवसर को हाथ से खोना नहीं चाहिए। राहुल की नैरोबी में बोर्ड मीटिंग थी, अतः कार्यक्रम बनते ही साथ हो लिये।

हवाई जहाज़ में खाना-पीना हो जाने पर सब सहयात्री सोने का उपक्रम करने लगे थे और मैं जहाज़ के आरामदेह परिवेश में बैठी सोच रही थी, हमारी इस यात्रा और पुराने समय की यात्राओं में कितना अन्तर रहा होगा। यहाँ हम आसमान में हैं, मौसम के मध्य हैं, परन्तु मौसम का कोई सीधा प्रभाव हमारे शरीर को छू नहीं रहा। समय के उस काल में जब सुविधाएँ नहीं थीं या अनियमित थीं, तब मात्र प्रकृति ही तो थी जो यात्रा के कष्टों के मध्य राहत बन जाती थी। पुरातन यात्राएँ पैदल या घोड़े पर सवार धीमी रफ़्तार से, मौसम के हाथ थाम अनिश्चित के मध्य एक निश्चय जीते हुए पूरी की जाती थीं और उनके साथ आ जुड़ते थे अनेकानेक रोमांचकारी अनुभव।

सोचकर देखें तो कल्पनाओं के फलक पर अनेक चित्र उभरते हैं। कभी चिलचिलाती धूप से सिर छुपाते यात्री वृक्षों की घनी छाया तलाशते, पानी के झरने खोजते दीख पड़ते हैं, कभी शाम ढले गहराते अँधेरे में जंगली जानवरों का भय उन्हें पेड़ों की शाखाओं पर लटकने पर विवश कर देता है। हर क्षण कष्टों से बचाती-छुपाती प्रकृति, तारों-जड़ा आकाश, शीतल बयार, चाँदनी से लबलबाता चन्द्रमा उन यात्राओं में यात्रियों के समानान्तर चलता था। कभी सहेजती, कभी गलबहियाँ डालती प्रकृति, अभौतिकता से भौतिकता में ही नहीं ढलती थी, उस यात्रा का एक अभिन्न अंग बन जाती थी और अब, हमारी यह यात्रा हमें प्रकृति से कितनी दूरी पर रखे हुए है।

वातानुकूलित कमरे से वातानुकूलित कार, हवाई अड्डे, फिर जहाज़ का परिवेश, कार, कमरे, कमरे की खिड़कियों से बाहर ठहरे हुए प्रकृति के दृश्य अछूते-से रह जाते हैं—जैसे दृश्य नहीं वास्तविक जैसे चित्र हों जिन पर लिखा है, 'छूना मना है।' मुझे लगा, अफ्रीका के इन जंगलों में प्रकृति के खुले परिवेश में घूमते हुए मुझे जो अनुभव होंगे, उनका आनन्द मेरे जीवन की अनुपम उपलब्धि बन जायेगा। अवश्य ही, मेरे अपनेपन और प्रकृति के बीच एक तरल संवाद पनपेगा जो मुझे एक अनिर्वचनीय आनन्द से सराबोर कर जायेगा। वर्तमान के इस क्षण में खड़े

होकर, कीनिया के विशाल परिवेश से परिचय जुटाने को उत्सुक मेरे कदम नैरोबी की धरती पर उतर आते हैं।

नैरोबी पहुँचते शाम हो जाती है; विमान परिचारिका के अनुसार शाम के साढ़े सात बजे हैं। मीलों की दूरी कुछ घंटों में तय हो चुकी है। शाम के धुँधलके में डूबा नैरोबी शहर ठंडी हवाओं से अपने स्वागत के हाथ फैलाता है। राहुल के दफ़्तर के कुछ लोग हमें लेने आये हुए हैं, अतः बिना किसी असुविधा के हम आराम से होटल तक पहुँच जाते हैं। यहाँ के मूल निवासी श्यामवर्णी हैं—और होटल का परिवेश ब्रिटिश है। आस-पास घूमते, रेस्तराँ में खाना खाते यहाँ के निवासी उसी रंगत से रंगे हुए हैं। उनका खान-पान, आदतें, मिज़ाज व्यवहार का अन्दाज़ सभी कुछ उनका अपना नहीं है। ब्रिटिश है, अवास्तविक लगता है—सीखा हुआ है या थोपा हुआ। खैर, रात सिर पर मंडरा रही है, अतः हमें न चाहते हुए भी अपने-अपने कमरों में जाना पड़ता है। बहुत करवटें बदलती हूँ परन्तु शहर का नयापन, हवाओं में बहती जंगली सिहरन मुझे सोने नहीं देती। सुबह की प्रतीक्षा, मैं कभी बालकनी में खड़े होकर, कभी बिस्तरे में बैठकर, कर लेती हूँ।

सुशील जी जल्दी उठ जाते हैं। अतः हम दोनों सुबह के छः बजे ही सैर को निकल पड़ते हैं, वैसे ही जैसे दिल्ली के अपने घर से निकलते थे। होटल के बाहर आते ही लगता है, समूचा शहर जग चुका है और अपनी सुबह की दिनचर्या के शोरगुल में मग्न है। सड़क पर पैट्रोल जलने का धुआँ, धूल का एक गुच्छा अचानक ही आकर चेहरे से आ टकराता है। मैं बुरा नहीं मानती, शहर तो शहर होते हैं, अपनी आदतों से मजबूर...खैर, परिचय के इस पल में छोटी-बड़ी इमारतें मुखर होकर अपनी-अपनी दास्तान कहती हैं। कुछ पुराना कुछ नया-सा यह शहर बहुत विशेष नहीं लगता कि तभी एक साफ़-सुथरा बगीचा हमारी राहत का सेतु बन जाता है।

शहर के बीचोबीच 'नैरोबी टाउन हॉल' के सामने यह बगीचा सजा-धजा है। बगीचे में कोई नहीं है, परन्तु ढेर सारी नीली चिड़ियाँ फुदक-फुदक कर सुबह के इस पल को अपनी चहचहाहट से भर देती हैं। अच्छा शगुन है, मन में नीलकण्ठ की स्मृति ताज़ा हो जाती है। गरल पिये शिवजी का रूप। नीलकण्ठ का दर्शन शुभ होता है, परन्तु ये तो नीलकण्ठ नहीं हैं, पर उन जैसे तो हैं...मन में एक नमन अपने आप जागता है। बाग के हर कोने पर फूलों की क्यारियाँ हैं जिनमें गहरे रंगों के फूल खिले हैं। नारंगी रंग के चिड़ियों के आकार के 'बर्ड ऑफ़

पैराडाइज़'—वह भी जैसे सिर उठाये फुसफुसाकर हमसे कुछ कहना चाहते हैं।

तभी बाग का काला-सा दरबान, शुद्ध अंग्रेज़ी में, टोकता है, ''यहाँ घूमना मना है''—हम विदेशी हैं, जानकर अधिक नहीं गरजता और हम लौट आते हैं। होटल लौटने पर सभी कहते हैं, यहाँ यों अकेले घूमना बहुत सेफ नहीं है। ''लूटपाट ...मारधाड़...आम बात है...आपको इस तरह नहीं जाना चाहिए था।'' मैं आश्चर्य से पुनः नैरोबी के विषय में सब कुछ जान लेने को उत्सुक हो उठती हूँ। क्यों है यहाँ इतनी अराजकता और खून खराबा?

पता चला है, यह समूचा देश एक नाटकीय विरोधाभास जी रहा है। यहाँ, जहाँ एक ओर दूर तक फैले हुए रेगिस्तान हैं, वहीं दूसरी ओर जंगली जानवरों से भरे जंगल हैं। समतल ज़मीनें हैं, ताज़े पानी की झीलें हैं। यही नहीं, करीब 5,199 फीट की ऊँचाई पर सिर उठाये गर्वित खड़ा 'माउण्ट कीनिया' भी है। एक बुझा हुआ शान्त ज्वालामुखी भी इसके आँचल में आँखें मूंदे बैठा देखा जा सकता है। कीनिया की वास्तविक सम्पदा है इसकी प्राकृतिक उपलब्धियाँ, सौन्दर्य, जो अब तक अछूता है, बनावटी तोड़-जोड़ से परे है, सुच्चा, सत्य, दर्शनीय।

यहाँ के जंगली जानवर चिड़ियाघर के कारागार से दूर स्वच्छन्द विचर रहे हैं। जब जी चाहता है खाते हैं, पीते हैं, डोलते हैं, स्पर्श करते और सूँघते हैं—उनके जीवन में न तो कोई ज़ोर-ज़बर्दस्ती है, न ही कोई दमन। कोई रोक-टोक या कठोरता नहीं। जीवन में सरलता है। आश्चर्य, वो भी जीवन में खड़े हैं और हम भी, उनके जीवन में कुछ भी अवास्तविक नहीं है और हमारा सभी कुछ अवास्तविक है, उधार लिया हुआ, बनावटी हम ही तो थे जो लोहे की ज़ंजीरें हाथ में लिये उन जानवरों को पहनाने गये थे, परन्तु हुआ विपरीत, ज़ंजीरें हमने ही पहन लीं। स्वतन्त्र तो हमें होना है, परन्तु किससे? मनुष्य के दीवारों और कठघरों से बाहर आ जाने में स्वतन्त्रता निहित है या—मैं सोच में डूब जाती हूँ, मुक्ति क्या इसी स्वायत्त की उपलब्धि में है?

सोच के घेरे में उठती मैं इतिहास के पन्नों में उलझती हूँ तो पता चलता है, 1887 में अफ्रीका के घुप्प अँधेरे घने जंगलों में ब्रिटेन की 'इम्पीरियल-ब्रिटिश-ईस्ट-कम्पनी' ने अपने पहले कदम रखे थे। तब तक अफ्रीका के निवासियों का जीवन आदिवासियों की तरह था और वह समूचे संसार की तकनीकी और मशीनी प्रगति से नितान्त अनभिज्ञ थे। धर्म और जीवन-मूल्यों का भी प्रवेश इन जंगलों

में तब तक नहीं हुआ था। वे सब एक गुमनाम जीवन जी रहे थे।

परिणामस्वरूप आदिवासियों की भौंचक्क दृष्टि ने कम्पनी का स्वागत किया। अंग्रेज़ी सभ्यता के परिणामस्वरूप बदलाव के पैर पसरने लगे, बस्तियाँ, कस्बों और फिर शहरों में बदलने लगीं, आधुनिकीकरण ने सुनसान जंगलों से सन्नाटे को विदा दी और मशीनों के शोर को अपने परिवेश में भर लिया। सड़कें, पुल, रेलवे लाइनों का जाल बिछने लगा। 1896 में 'मोम्बासा' शहर और 'लेक-विक्टोरिया' के बीच पहली रेलवे लाइन डाली गई जिसके साथ ब्रिटिश राज्य की नींव और गहरी होती गई और उनके सभी कार्यों को सराहना प्राप्त होने लगी।

धीरे-धीरे कीनिया ब्रिटिश राज्य की एक कॉलोनी बन गया। यहाँ के आदिवासी जंगली झाड़ियाँ फलाँग कर 'यूरोपियन-स्टाइल' के जीवन की दहलीज़ पर आ खड़े हुए। आदिवासी अपनी अनेक पत्नियों को उनके भाग्य के सहारे जंगली बस्तियों में छोड़कर शहरों में चले आये। शिक्षा और धर्म का विकास हुआ। चर्च निर्मित हुए और जंगली जीवन में नियमितता आने लगी। कीनिया में विदेशों से भी बहुत से व्यापारी और उद्योगपति आकर बसने लगे, बहुत से भारतीय परिवार भी यहाँ अपनी कई पीढ़ियों से रह रहे हैं। अतः नैरोबी में मन्दिर, गुरुद्वारे, आर्यसमाज आदि भी उतने ही निर्मित हुए हैं, जितने चर्च।

कॉफ़ी, चाय आदि की पैदावार और जंगलों के प्राकृतिक सौन्दर्य से आकर्षित होकर बहुत से अमीर अंग्रेज़ों ने यहाँ अपने फार्म हाउस बनाये और आकर रहने लगे। कीनिया अंग्रेज़ों की अय्याशियों का स्थल बनने लगा। वे लोग यहाँ या तो हनीमून के लिए आते या छुट्टियाँ मनाने, जिसमें जंगली जानवरों को स्वतन्त्र देखने की ललक होती थी, जिसके कारण ये 'सफ़ारी यात्राएँ' आरम्भ की गईं। उन्हीं दिनों कीनिया ने 'प्रिंस-ऑफ़-वेल्स' का अतिथि-सत्कार किया और 'किंग-एडवर्ड' का भी।

ऐसे वातावरण में यहाँ की जंगली हवाओं में अनेक रोमांस पनपे और समाप्त हो गये। 'बैरोनेस-ब्लिक्सन' और उनके पति 'बरोर' ने यहाँ एक कॉफ़ी फार्म आरम्भ किया था जो बहुत लाभदायक भी सिद्ध हुआ। धन की वृद्धि के साथ-साथ 'बरोर' के जीवन में दूसरी औरतें भी प्रवेश कर गईं और फिर एक दिन अचानक वह रातोरात अपना फार्म छोड़कर चला गया। बेचारी 'बैरोनेस' अनजान शहर में अकेली रह गई। फार्म डूब गया और वह पैसे-पैसे को मोहताज हो गई। बैरोनेस ने अपने सभी

अनुभवों को एक पुस्तक में संजोकर लिखा है। नाम है *आउट ऑफ़ अफ्रीका* —यह उपन्यास बहुत प्रसिद्ध हुआ और बाद में इस पर फिल्म भी बनी।

समय के साथ-साथ ब्रिटिश राज्य अपनी अहमियत खोने लगा। उनके बनाये न्यायिक नियम जब यहाँ के नागरिकों के हितों के विपरीत जाने लगे और काले सफ़ेद वर्ण-भेद की आपसी नफ़रत बढ़ने लगी तो, जैसा होता है, विरोध विद्रोह में बदलने लगा। किसान विद्रोह और बहुत से 'एसोसियेशन्स' बने जिन्होंने अंग्रेज़ी शासन से कीनिया की स्वतन्त्रता का नारा बुलंद किया। आपसी संघर्ष चलता रहा और अन्त में 12 दिसम्बर 1963 की आधी रात को कीनिया के 'कॉलानियल-राज्य' ने दम तोड़ दिया।

वह दिन कीनिया के निवासियों की स्वतन्त्रता का दिन था। नैरोबी में उस दिन बहुत बारिश हुई थी, बावजूद उसके हज़ारों की संख्या में कीनिया-निवासी नैरोबी के उस स्थल पर, जिसे आज भी 'इंडिपेण्डेन्स स्क्वायर' कहते हैं, जमा हो गये थे। रात का वह पहर मन्थर गति से चल रहा था। उस रोमांचित वातावरण में जैसे हवाएँ भी ठहर गई थीं...सभी देशवासियों की धड़कनें जमी हुई थीं कि रेडियो के स्वरों में गुंजरित हुआ था एक निनाद। 'उहरू' या 'स्वतन्त्रता'। चौक की बत्तियाँ अपने आप मद्धिम हुईं और उस झुटपुटे में 'यूनियन-जैक' फिसलता हुआ नीचे उतर गया और उसके स्थान पर तीव्र प्रकाश में फहराने लगा 'रिपब्लिक ऑफ़ कीनिया' का नया-नकोर झंडा जिसमें काले, लाल और हरे रंग भरे हुए थे। स्वतन्त्र देश की स्वतन्त्र सुबह ने उसका स्वागत किया।

हमारी पहली 'सफ़ारी-यात्रा' नायेरी से आरम्भ होती है। नायेरी के जंगलों के बीच एक स्थल है 'ट्री-टॉप' जहाँ पहुँचना है। सुबह के नाश्ते के बाद हम छोटी-सी बस में बैठकर चल पड़ते हैं। नैरोबी शहर छोड़ते ही सड़क के दोनों ओर या तो कॉफ़ी के खेत नज़र आने लगते हैं या छोटी-छोटी बस्तियाँ दीख पड़ती हैं। जहाँ आज भी आदिवासी अपनी पुरानी पद्धतियों के अनुसार एक पिछड़ा हुआ जीवन जी रहे हैं। यहाँ की विशेष जातियाँ हैं डीगो, कूरिया या किकायु। शहर के इतने निकट, शहर की सुविधाओं को नकारकर जीवन जीते ये स्त्री-पुरुष आश्चर्य से भर देते हैं। इनका जीवन आज भी खेतीबाड़ी और दुकानदारी से आगे तक क्यों नहीं आ पाता है? इन्होंने स्वयं नहीं स्वीकारा है या प्रगति के हाथ अब तक इनको नहीं छू पाये हैं? अविश्वास पर विश्वास करना पड़ता है।

यही सब सोचते-सोचते हम अपनी मंज़िल तक आ पहुँचे हैं। 'ट्री-टॉप' एक छोटा-सा होटल है। पेड़ों के तनों पर टिका हुआ है। अजीबो-गरीब हम बस से उतरकर कुछ दूर पैदल चलते हैं, तो जंगल के बीचोबीच खड़ा यह 'ट्री-टॉप' मन मोह लेता है। होटल के साथ एक पानी का पोखर है जिसके किनारों पर नमक बिखरा दिया जाता है। जंगली जानवर यहाँ पानी पीने या नमक चाटने आते हैं।

होटल की गोल घुमावदार सीढ़ियाँ चढ़कर हम ऊपर चले आते हैं। हमारा गाइड बताता है–इसी तरह एक दिन ब्रिटेन की 'महारानी-एलिज़ाबेथ' यहाँ छुट्टियाँ बिताने आई थीं। जब वह ऊपर आईं तो वह मात्र राजकुमारी थीं, परन्तु जब वह दूसरे दिन उन सीढ़ियों के नीचे उतर रही थीं तो वह इंग्लैंड की महारानी घोषित हो चुकी थीं। यहीं पर उन्हें अपने पिता 'जॉर्ज-पंचम' की मृत्यु का समाचार प्राप्त हुआ था। उनके जीवन-परिवर्तन के उस महत्त्वपूर्ण पल का साक्षी है यह 'ट्री-टॉप'। वहाँ की एक मुख्य दीवार पर बहुत से चित्र उस घटना के पल को जीवित रखे हुए गर्व से तने खड़े हैं।

सारी शाम भाँति-भाँति के पशुओं को देखने में बीत गई। होटल की दीवारों पर लगी हल्की रोशनी में उन्हें साफ़-साफ़ देखा जा सकता था। रात हो जाने पर भी, होटल के बैरे आदि दरवाज़ा खटखटाकर सूचित करते थे कि उस समय कौन-सी जाति का जानवर बाहर विचर रहा है। कभी अरने, हाथी, राइनो, दरियाई घोड़े, कभी हिरनों का झुंड आकर जाने-अनजाने हमारी आँखों को एक तृप्ति-सी पहुँचाते रहे। होटल की उस 'व्यूइंग-गैलरी' में हमारे जैसे सभी दर्शकों का मेला-सा लगा रहा। कॉफ़ी के दौर चलते रहे। बाहर या नीचे जंगल में तो जा नहीं सकते थे, पर जैसे उस रात इस 'ट्री-टॉप' पर समाज का नियम उल्टा हो गया था। दृश्य ही ऐसा था। हम सब काँच के बॉक्स में क़ैद थे और बाहर जंगल में जानवर स्वतन्त्र घूम रहे थे। हमारा यहाँ होना या न होना उनके लिए कोई बाधा का कारण नहीं बना था। ऐसे में हमारी स्वतन्त्रता उन जानवरों की स्वतन्त्रता का अपहरण कर रही थी। हम अपने-अपने अस्तित्व में एक-दूसरे को पहचानने का या शायद जानने का प्रयास कर रहे थे।

सुबह होते ही चलाचली का दौर शुरू होता है। लौटना है परम्पराओं और मिथ्या धारणाओं के उस संसार में, जिसे यहाँ कुछ पलों के लिए विस्मृत कर हम दुबके बैठे थे। प्रकृति भी अजीब है, आँचल में इतनी विचित्रता संजोये बैठी है।

कहीं तो साँस लेते इतने अजीबोगरीब पशु हैं, कहीं साँस लेना दूभर करते रेतीले रेगिस्तान। यहाँ भी प्रकृति की बदलती हुई आदतें जैसे मन के भीतर एक अजीब-घुटन का सृजन करती हैं और उसी की धुँध में 'ट्री-टॉप' की घुमावदार सीढ़ियाँ एक रोमांच को धरती पर उतार देती हैं और मुझे लगता है, हम जो थे वही बने रहे, शायद यही उस पल की उपलब्धि है।

नैरोबी पहुँचते-पहुँचते दोपहर के बारह बज जाते हैं। हम सब नहा-धोकर एक शादी में शामिल होने के लिए तैयार हो जाते हैं। शादी है महाराष्ट्रियन महिला की एक अमेरिकन अधेड़ पुरुष डंकन विलेट्स के साथ। संयोगवश हमने कीनिया पर जो दो पुस्तकें खरीदी हैं उन दोनों के फोटोग्राफर हैं, ये डंकन महोदय। शादी भारतीय रीति से यज्ञ की अग्नि के फेरे लेकर सम्पन्न होती है और उसके बाद रिसैप्शन, खाना-पीना, गाना-बजाना होता है। नैरोबी के प्रायः सभी जाने-माने या समृद्ध लोग यहाँ जमा हैं। खाना भारतीय है। समोसे, चाट, तंदूरी रोटी और जलेबी। मैं कौतूहल से काले अफ्रीका-निवासियों को तंदूर में रोटियाँ लगाते और कड़ाही में जलेबियाँ तलते देखती हूँ...अपने में यह दृश्य भी अनूठा है। इतवार का दिन होने के कारण सभी कुछ बन्द है, अतः हम सब आराम करते हैं और शाम को यहाँ के मशहूर रेस्तराँ 'कारनीवोर' में खाना खाने जा पहुँचते हैं।

बहुत बड़ा-सा रेस्तराँ है, खचाखच लोगों से भरा हुआ। इसके बीचोबीच आग जल रही है जिस पर तरह-तरह से मांस भूने जा रहे हैं, जिसमें ज़ेब्रा, जिराफ और मगरमच्छ आदि भी शामिल हैं। सभी लोग प्रसन्न हैं, चटखारे लेकर खाते हैं, परन्तु मेरा शाकाहारी मन उदास हो जाता है। इतनी मौतें, इतना खून-खराबा, खासकर उन पशुओं का जिनकी जाति के जानवर संसार भर में निरन्तर कम होते जा रहे हैं, जिनसे साक्षात्कार करने हम इतनी दूर की यात्रा तय करके यहाँ तक आ पहुँचे हैं। मुझे लगता है, अपने को प्रसन्न रखने के लिए की गई ये सभी गतिविधियाँ भीतर ही भीतर हमारा अमानवीयकरण कर रही हैं। मेरे भीतर की ऊर्जा जैसे कम होने लगती है, थोड़े से उबले चावल और मिलीजुली सब्ज़ी का बेस्वाद भोजन मेरे गले में यूँ ही अटक रहा था, अब बिलकुल भी कुछ खाने का मन नहीं होता।

पहली अगस्त, संयोगवश वह दिन मेरे जन्म का दिन होता है, अतः मैं एक बनावटी मुस्कान चेहरे पर चिपका कर मीट के टुकड़ों को आग पर सिकता छुरी से कटता-बँटता देखती रहती हूँ—कोई शिकायत नहीं करती। अल्पना मेरी मानसिक

अवस्था को महसूस करती है पर मैं उसे भी कुछ नहीं कहने देती। अल्पना के ही आयोजन के तहत मेरे नाम का एक केक 'हैपी बर्थडे' की धुन के साथ आता है। उस पर मोमबत्ती के स्थान पर एक फुलझड़ी जल-बुझकर मेरे भीतर के मानवीय उत्ताप को उकसा जाती है। मैं सोचती हूँ, 'जीवन वहीं तो गहरा होता है जहाँ विरोधी या विपरीत को भी आत्मसात कर लें...जीवन यात्रा है...और मुझे अभी जीना है ...बहुत आगे भी जाना है। इसलिये शिकायत क्यों?'

रेस्तराँ के निकट पर्यटकों के मनोरंजन के लिए एक 'किकायु गाँव' निर्मित किया गया है जहाँ हर रोज़ किकायु आदिवासी अपने जीवन के विभिन्न पहलुओं से जुड़े नृत्य का आयोजन करते हैं, सभी स्त्री-पुरुष काल के इस पल में भी अपनी सौ साल पुरानी वेशभूषा से सज्जित हैं। सभी ने प्रायः पशुओं की खाल से बने वस्त्र पहने हुए हैं जिन पर कौड़ियों या पक्षियों के पंखों से सज्जा की गई है। पुरुषों के सिर पर पंखों से बने लम्बे-लम्बे मुकुट हैं और पैरों में घुटने के पास चार बड़े घुँघरू बँधे हैं, जिन्हें 'थुम्बी' कहते हैं। स्त्रियों के पैरों के घुँघरूओं को 'जिन्गरी' कहते हैं और सभी स्त्रियाँ मोतियों के रंग-बिरंगे गहने पहने हुए हैं। पुरुष हाथ मार-मार कर अपने घुँघरू बजाते हैं, तीर-कमान और भालों से अपने भाव प्रदर्शित करते हैं। स्त्रियाँ हाथों से इशारे करती हुई विभिन्न मुद्राओं में थिरकती अपने मन की बात कहती घूम-घूमकर नृत्य करती हैं। सारा वातावरण उल्लास में डूब जाता है।

एक झोंपड़ी के सामने एक बूढ़ा ज्योतिषी बैठा है। इसे लोग 'विच डॉक्टर' के नाम से पुकारते हैं। इस डॉक्टर के हाथ में बुखार नापने का आला आदि नहीं होता क्योंकि ये इलाज करते हैं उन बीमारियों का जो भूत-प्रेत या प्रकृति के प्रकोप के कारण उपजती हैं। ज्योतिषी के हाथ में एक सूखे हुए फल का सुराहीनुमा खोल है जो भीतर से खोखला है। इसमें काले रंग के कुछ बीज हैं जिन्हें धरती पर गिराकर वह अपने मोटे काले होंठ बुदबुदाकर कुछ गणना करता है और कुछ जोड़-तोड़ के बाद सधे शब्दों में आने वाले संकट का ब्योरा दे डालता है। हमें लगता है कि मनुष्य की दुर्बल मानसिकता का एक अच्छा परिहास जैसी है, यह सारी प्रक्रिया, परन्तु हो सकता है, उनके संकटों का निदान यही क्रिया-कलाप हों, दुःख-निवारण का एकमात्र उपाय, भ्रांत-धारणाओं में जीते हुए ये आदिवासी आज भी इसी प्रकार के मानसिक व्यायामों में उलझे हुए हैं। संसार के इस कोने में आज भी अतीत

जीवित है, मनुष्य के विकास से विपरीत अपने में ही खोया हुआ।

यहाँ की जनजाति के जीवन में उत्सवों का बहुत महत्त्वपूर्ण स्थान है। किकायु जाति के आदिवासियों के लिए खतना या सुन्नत जैसी घटना बहुत अर्थहीन नहीं होती है और उसे ये उतनी ही धूमधाम से मनाते हैं जैसे हमारे यहाँ विवाहोत्सव। उनके शरीर पर सफ़ेद रंग से चित्रित रेखाएँ मन को कौतूहल से भरती हैं। पूछने पर पता चलता है, धूप से बचने में सहायता करती हैं ये रेखाएँ, उनके कारण धूप विभाजित हो जाती है। नृत्य और संगीत भी इनके जीवन का अभिन्न अंग है। बहुधा संगीत सम्मिलित स्वरों में नहीं होता, प्रश्नोत्तर के रूप में होता है। इनके स्वरों को 'नगेमी' कहते हैं। इनके पास खतना, विवाह आदि हर अवसर के गीत हैं—वर्षा ऋतु के आह्वान के या शिकार और युद्ध के भी, जिन्हें ये आदिवासी हाथों में शस्त्र आदि थामकर गाते हैं।

दो तारीख को हम 'मसाई-मारा' जंगल की ओर रवाना हो जाते हैं। यह प्रदेश अपने जंगली जानवरों के लिए प्रसिद्ध है। नैरोबी शहर छोड़ने के साथ ही हमें सड़क के दोनों ओर जंगली जानवर सिर उठाये घूमते दीख पड़ते हैं। यहाँ अधिकतर बस्तियाँ हैं, जिनमें 'समाई' जाति के लोग रहते हैं। 'समाई' बड़े सेनानी, निडर और लड़ाकू माने जाते हैं। 'किकायु' जाति के विपरीत इन्होंने आधुनिकीकरण और परिवर्तन का विरोध किया था और आज भी ये अपने वास्तविक आदिवासी देश में रहते हैं। पुरुष पूरे शरीर पर गहरे रंग का वस्त्र लपेटे रहते हैं और स्त्रियाँ भी गहरे रंग की दो चादरों को अपने गले से कसकर बाँधे रहती हैं। सिले हुए कपड़े ये लोग नहीं पहनते। उनके शरीर पर ढेर सारे रंग-बिरंगे मोतियों के गहने सजे होते हैं। सिर पर भी मोतियों और पीतल के तारों की सज्जा होती है जो पूरे चेहरे पर लटकती है।

उनके कानों के छेद बड़े-बड़े होते हैं और उनमें कुंडल लटकते रहते हैं। मसाई जाति के स्त्री-पुरुषों के नैन-नक्श बाकी जातियों से अधिक बारीक तराशे हुए और सुडौल हैं—ये लोग देखने में औरों से कहीं अधिक आकर्षक हैं। उनके चित्रों को कैमरे में लेने का प्रयास करते हैं तो, वे, उसके बदले पैसे माँगते हैं—इस बात से वे अनभिज्ञ नहीं हैं कि उनके चित्र दर्शनीय हैं क्योंकि बहुत-सी 'टूरिस्ट' पुस्तकों में वे छपते रहते हैं।

'इंटरपिड-लॉज' तक पहुँचने के लिए जिन रास्तों से हम गुज़रते हैं वहाँ बहुत

से जिराफ, ज़ेब्रा, शुतुरमुर्ग, हिरन आदि इस तरह मिलते हैं जैसे भारत के किसी भी शहर में शहर के निवासी। यकायक उन्हें इतनी संख्या में और इतना निकट पाकर जैसे अपनी आँखों पर विश्वास नहीं होता। जंगल अधिक घना नहीं है परन्तु ऊँची-ऊँची घास, दूर-दूर छितरे पेड़ जानवरों को सुविधाएँ प्रदान कर ही देते हैं। हमारी इस लॉज में रहने की व्यवस्था कपड़े के टैण्टों में की गई है। हरे रंग के ये टैण्ट साफ़-सुथरे और समूची सुविधाओं से लैस हैं। टैण्टों के चारों ओर छायादार पेड़ हैं जिनमें रंग-बिरंगे फूलों के गुच्छे हर समय खिले रहते हैं। यही नहीं, छोटे-से पानी के ताल में नीले रंग के कमल भी खिले हैं। उसके किनारे बैठकर ऐसा लगता है जैसे एक खुशनुमा बगीचे में पड़ाव डाले हम एक सुखद सपना जी रहे हैं।

दोपहर के खाने के बाद एक खुली जीप में सवार हम 'सफ़ारी' के लिए निकलते हैं। इस जीप में खड़े होकर हम चारों तरफ़ अविश्वास से देखते हैं। इतनी बड़ी संख्या में जानवर ही जानवर, जिधर देखो बस पशु या पक्षी। कहीं लम्बी गर्दन वाले जिराफ, काली-सफ़ेद चमड़ी वाले ज़ेब्रा, कुलाँचें भरते हिरन—पीले रंग के हिरननुमा इम्पाला पहली बार देखने को मिलते हैं। इनके अतिरिक्त अजीबोगरीब दाढ़ीवाले 'विल्डबीस्ट' जानवर से भी साक्षात्कार होता है, जो बेहद बदसूरत हैं और हज़ारों की संख्या में उपस्थित हैं। ज़ेब्रा का शारीरिक सौन्दर्य मन में प्रसन्नता भरता है, भगवान ने जैसे तूलिका से इनके शरीर की रेखाओं को उकेरा है।

देखा जाये तो एक पशु के शरीर के ये काले और सफ़ेद दोनों ही रंग एक-दूसरे के पूरक हैं, परन्तु मनुष्य शरीर में रूपायित होते ही यही दो रंग एक-दूसरे के शत्रु बन जाते हैं। मात्र वर्ण-भेद शत्रुता का कारण बन चुका है और आश्चर्य यह भी है कि शारीरिक रूप से बलशाली होने पर भी ये अफ्रीका-निवासी अपने काले रंग के कारण साधारण मनुष्य की गुलामी सहते रहे हैं। इतिहास गवाह है, उनके शरीर को सरे-बाज़ार बेचा गया है, उनकी नीलामी और बोलियाँ लगी हैं। मनुष्य के जीवन में दुश्मनी के रंग भरते ये रंग, ज़ेब्रा के शरीर पर साथ-साथ साँस लेते हुए एक अजीब-सी जंगली अनुभूति से मन को उद्वेलित कर रहे थे।

विचारों के ऊहा-पोह में उलझी मैं, यात्रा का आनन्द ले ही रही थी कि जीप के बिलकुल निकट मंद गति से चलते वनराज शेर से अचानक भेंट हो जाती है। गाड़ी थमती है, साँसें रुकती हैं, फिर सहज हो जाती हैं। जीप के बिलकुल निकट हमारी इन दो आँखों के सामने भयंकर सत्य-सा खड़ा था वनराज शेर। पता नहीं

क्यों, उससे डर भी नहीं लगता और हम अपने अनुभव के इस पल को अपनी आँखों या कैमरे में कैद करने में व्यस्त हो जाते हैं। कैमरे के फ्लैश और जाती-रुकती सफ़ारी गाड़ियों का शोर कुछ भी उन्हें त्रस्त नहीं करता। शायद वे उसके आदी हो चुके हैं। कोलाहल में भी अखंडित उनकी यह समाधि मुझे सोचने पर विवश कर देती है। हम कितनी ही छोटी-छोटी बातों से उद्वेलित हो जाते हैं और ये...? इतने शोर में भी अपनी दिनचर्या में व्यस्त हैं।

तभी एक भागती विल्डबीस्ट (कीनिया में पाया जाने वाला जानवर) को सामने से आता देख एक शेर कुलाँचें मारता हुआ उस पर झपटता है, विल्डबीस्ट को दबोचता है, तीव्र दाँत उसकी गर्दन से छूटकर पेट को फाड़ डालते हैं। शिकार तड़पता है, शान्त हो जाता है—जीवित पशु, भोजन में परिवर्तित हो जाता है। जो हाथ आ गया, पकड़ा गया, जान से गया। जो बच निकला, वो बच निकला। मुझे लगता है, यहीं से आरम्भ होता है जीवन का यह मूल मन्त्र 'सरवाइवल ऑफ़ द फिटेस्ट'—योग्यतम की उत्तरजीविता।

दूसरे दिन सुबह के साढ़े पाँच बजे हम सब 'बैलून सफ़ारी' के लिए नियत स्थान पर जमा होते हैं। बड़े-से रंगीन बैलून में हवा भरी जा रही है। सभी कुछ अजीबोगरीब-सा है, काल्पनिक, जैसे किसी परीकथा के पन्ने पर से यह दृश्य धरती पर उतर आया है। बैलून से बँधी एक टोकरी है जिसे गंडोला कहते हैं। हम सब उस पर सवार हो जाते हैं। बैलून गर्म हवा से फूलता है और उसके उठने के साथ टोकरी भी ऊपर की ओर उठती है। एक बड़े पक्षी की तरह खुली हवा में, हवा के हाथ थामे हम उड़ने लगते हैं, "क्या-क्या हुआ है हमसे जुनूँ में न पूछिये। उलझे कभी ज़मीं से कभी आसमाँ से हम।" बैलून चालीस फीट की ऊँचाई पर ज़मीं और आसमाँ के बीच रास्ता बनाता उड़ता जाता है। पेड़ों के कंगूरों के ऊपर से गुज़रते समय प्रायः सभी जानवरों को साफ़-साफ़ देखा जा सकता है। सभी पेड़ों पर विशालकाय घोंसले मन लुभाते हैं, कभी हाथियों के झुंड और कभी नन्हे-नन्हे मौन्गूस। मसाई-मारा की हरी-भरी धरती, 'लोहता' पहाड़ के ऊपर से उड़ता हुआ हमारा बैलून जंगल के बीचोबीच बहती 'तालक' नदी तक आ पहुँचता है। हवाओं के बीच बादलों में चलते कदम धीरे-धीरे धरती की सतह पर आ थमते हैं।

एक घंटे की इस यात्रा के बाद नदी का कलकल निनाद आकर्षित करता

है। नदी में खूब सारे दरियाई घोड़े और मगरमच्छ सिर उठाते-डुबाते आसानी से देखे जा सकते हैं। नदी के किनारे घूम लेने के बाद जब हम सब यात्री लौटकर आते हैं तो फिर से हैरान हो जाना पड़ता है, एक बड़ी-सी मेज़ पर साफ़-सुथरी सफ़ेद चादरें बिछाकर नाश्ता लगा दिया गया है। शैम्पेन खोलकर बैलून-चालक सभी यात्रियों का स्वागत करता है। घने जंगल के बीच सुबह के आठ बजे दरियाई घोड़ों और मगरमच्छों को सम्बोधित करके शैम्पेन के गिलास उठाकर "चियर्स" करते हैं। ऐसा अद्‌भुत नाश्ता यादों की धरोहर बनकर मन के किसी कोने में हमेशा-हमेशा प्रतिबिम्बित रहेगा।

मसाई-मारा में दो दिन बिता देने के बाद हम सब 'लेक-नकूरा' चले आते हैं यहाँ हज़ारों की तादाद में एक ही जाति के पक्षी हैं 'फ्लैमिंगो' या हंसावर जिनके पैरों के गुलाबी रंग के कारण दूर क्षितिज तक फैली सारी झील गुलाबी नज़र आती है। रात को हमारा पड़ाव 'लेक-नवाशा' में पड़ता है। यह झील ताज़े पानी की है। सुबह नाव में बैठकर चल पड़ते हैं। झील के किनारे अनेक जातियों के पंछियों से और जंगली पेड़-पौधों से साक्षात्कार होता है। पता चलता है, कुछ पक्षी भी हमारी तरह यहाँ छुट्टियाँ बिताने आये हैं। कुछ हंसावर, कुछ पैलीकन, कुछ किंगफिशर।

हर स्वप्न का एक अन्त होता है—हमारे इस सौन्दर्य-स्वप्न का भी अन्त हो रहा है, हम वापस लौट रहे हैं। पतली-सी साधारण पगडंडियाँ सड़कों में बदलती हैं और फैलती हुई हमें शहर की सुविधाओं से जोड़ती हैं। मन उदास होने लगता है। जंगलों और झीलों की यात्रा, वह दृश्य, वह अनुभव जैसे एक साक्षात्कार जैसा था परमात्मा के सृजित सत्य का। जब ये अनुभव आँखों से प्राणों तक लौटते हैं तो लगता है, हमारे चेतन अस्तित्व में जंगलों और घाटियों की सुगन्ध ही नहीं, एक अनुभूतिमूलक स्वच्छता भी आकर समाविष्ट हो गई है। ऐसा अनुभव जीवन की दुर्लभ उपलब्धि जैसा था।

विदा के उस पल में यों तो हमारी तजुर्बों की झोली भरी हुई थी, परन्तु रीती आँखों में आ घुला था उन जंगली आदिवासियों का अपना इतिहास, आत्मकथाएँ और उनके जिये जाने का सुच्चापन। बार-बार मन में एक ही बात गहरा रही थी—वह सभी दृश्य जो हमने देखे थे और अनुभव किये थे, वे कितने वास्तविक थे? उनके स्रोत सत्य थे और यह भी सच ही तो है, जो जीवन की वास्तविक सम्पदा है, जिसे हम अपने जीवन में तलाश रहे हैं।

शाम को अन्तिम बार शहर घूमने की ललक लिये होटल से निकलने लगते हैं तो दरबान टोकता है—"यहाँ रात के वक्त आपका घूमना खतरे से खाली नहीं है...सच तो यह है..." वह कान में फुसफुसाता है—"अधिकतर खून-खराबा हिन्दुस्तानियों का होता है..."

"अरे पुलिस...कोई सुरक्षा प्रबन्ध..."

"ही-ही-ही..." वह हँसता है। काले चेहरे पर सफ़ेद दाँत एक कौंध पैदा कर रहे हैं..."असल में हमारे देश की ढाई करोड़ की आबादी में करीब पाँच लाख भारतीय या पाकिस्तानी हैं...कोई तो तरकीब निकले उन्हें कम करने की...।" एक तिलिस्मी धुआँ उसके आस-पास मंडराता दीखता है। हम अपने कमरों में लौटने को मजबूर हो जाते हैं। मैं सोच रही हूँ, अजीब विरोधाभास है। जंगलों में हम कार के या काँच के बॉक्स में कैद थे और यहाँ मानवीय कुण्ठाओं के...तो क्या कैद हर कदम पर है...उससे कभी भी पीछा नहीं छूट सकता? क्या स्वतन्त्रता मात्र जंगली जानवरों की ही धरोहर है, हमारी नहीं, कब मिलेगी स्वतन्त्रता और किससे? स्मृतियों से जीवन में बहुत कुछ अर्जित होता है, स्मृतियों से ही एक अतीत निर्मित होता है, परन्तु मुझे लगता है, ऐसे अद्‌भुत अतीत की पुनरुक्ति जीवन में फिर कभी नहीं होगी और शायद यह अतीत फिर कभी नहीं लौटेगा।

# पिरामिड के इस पार–मिस्र

इजिप्ट या मिस्र के नाम के साथ मन में एक रेतीली मिट्टी का गुबार उठता है, एक धुँधलका-सा आँखों के सामने छाने लगता है—धुँधलका जो रोमांचक है, तिलिस्मी है। मिस्र एक ऐसा देश है जहाँ मिट्टी जैसे तत्व में मृत्यु को मिला-जुलाकर ऐसे विशालकाय पिरामिड तैयार किए गये हैं, जिन्हें देखकर सहसा अपनी आँख पर विश्वास नहीं होता। मृत्यु और मिट्टी को एकाकार होते इसी धरती पर देखा जा सकता है।

सफर के बीच मेरे मन में अचानक फ़ैज़ की ये पंक्तियाँ उभर आती हैं—

*याद की रहगुज़र*
*जिस पे इसी सूरत से मुद्दतें बीत गई हैं*
*तुम्हें चलते-चलते*
*खत्म हो जायें जो दो-चार कदम और चले*
*मोड़ पड़ता है जहाँ दश्ते-फ़रामोशी का*
*जिससे आगे न कोई मैं हूँ न कोई तुम हो।*

मैं और तुम का भेद मिटाने वाला यह मिस्र देश, पता नहीं मन में एक बेचैनी-सी भरता है। इस देश के इतिहास ने जन्म से अधिक जीवन और जीवन से भी आगे मृत्यु को भव्य और विशाल जाना है। यह एक ऐसा देश है जिसका विश्वास मृत्यु-पर्यंत आने वाले जीवन की पुनरुक्ति पर टिका हुआ है—चेतन से अधिक अचेतन के प्रति चिन्तित। "टु स्पीक ऑफ़ डैथ इज़ टु मेक दैम लिव अगेन"—जिसका अर्थ है—यहाँ मृत्यु जन्म के ऊपर एक घटना है जिसके लिए उत्सवी अनुष्ठान आयोजित होते हैं और जश्न मनाए जाते हैं, शायद इसलिए कि संसार सीमित है, मनुष्य का जन्म सीमित है—परन्तु परमात्मा असीम है।

भारत के दर्शन-शास्त्रियों ने भी मृत्यु को 'सद्‌गुरु' कहा है और एक घटना

मात्र, जिसके माध्यम से जीवन को समझ पाने का सूत्र हाथ लगता है। परन्तु मिट्टी? मिट्टी तो एक सम्भावना है और शायद यही कारण है कि मनुष्य जितना जीवन्त है, उतना अधिक मिट्टी की पूजा करता है, उसके आकार की पूजा करता है। सोना और चाँदी जैसी धातुएँ पूजा-योग्य नहीं होतीं, वह मुर्दा होती हैं, प्राणहीन, मरे हुए शरीरों पर के आभूषण मात्र। परन्तु मिट्टी उनकी महान पूजा और गहरी आस्था की वस्तु है।

ये पिरामिड इस पुरातन सूत्र की गहनता को हमें एक गम्भीर दार्शनिक की भाँति समझा रहे हैं। पिरामिड्स के रूप में मिट्टी, उसकी पथरीली शिलाओं में बन्द मनुष्य का अस्तित्व सीमित कहाँ है, उसे एक असीम के सिंहासन पर आरूढ़ करके गौरवान्वित किया है। मिस्र के ये पिरामिड्स जैसे हमसे कह रहे हों–"जहाँ कुछ भी मरता नहीं है, वहाँ जीवन शाश्वत है।" पिरामिड्स के भीतर की मौत बड़ी उद्‌बोधक है, चौंकाती है, जगाती है हमें, जो अपनी नित्यप्रति की दिनचर्या के एनेस्थेसिया या बेहोशी में चलते जा रहे हैं। पिरामिड के भीतर की मौत जैसे हमें हमारे अस्तित्व से बाहर खींच रही है–अनन्त निद्रा की एक विधा सिखलाकर जैसे ये पिरामिड बयान कर रहे हैं कि मौत में भी आशा का एक स्फुलिंग चेतन है। मृत्यु से आगे भी एक जीवन है, नया-नकोर, इस जीवन के दुःखों से परे सुखपूर्ण, शायद इसी कारण गीज़ा के इस मृत्यु-स्थल पर मिस्र के अनेक शासक, राजे-महाराजे, शहज़ादे-शहज़ादियाँ, अमीर-उमरावों के साथ दास-दासियाँ भी एक खूबसूरत रत्नजड़ित मौत की चादर लपेटे हुए आज भी (भौतिक रूप से) मौज़ूद हैं।

इस देश के इतिहासकारों ने उन्हें एक अनूठा अमरत्व प्रदान किया है। वे कभी नहीं मरते, जीवित हैं, इन तिकोने पिरामिड्स के गहरे अँधेरे कक्षों में, सरसरा रहे हैं। पता नहीं, मृत्यु पश्चात् की वह यात्रा, वह जीवन उन्हें प्राप्त हुआ या नहीं जिसके तहत् वे यहाँ हज़ारों वर्षों से विश्राम कर रहे हैं। और जो, उन्हें, उस मृत्यु के पश्चात् प्राप्त होने वाला था। तो क्या ये पिरामिड कड़ी हैं जीवन और मृत्यु के मध्य, एक विश्रामस्थल?

पिरामिड के अस्तित्व में जीवन और मृत्यु, स्वर्ग और धरती, देवता और मनुष्यता, अँधेरा और उजाला सभी कुछ संजोया हुआ है। पुरातन मिस्रवासी पिरामिड को सृजनहार प्रभु का पूज्यस्थल और सिंहासन-जैसा पवित्र मानते थे, इसी कारण पिरामिड का बिलकुल ऊपरी पत्थर वह बिन्दु था जिसके माध्यम से भगवान का स्पर्श किया जा सकता था। जब सूर्य की पहली किरण इस कोण पर से होकर

तिकोने पिरामिड के शरीर पर फिसलती हुई धरती पर उतरती थी तो मिस्रवासी मानते थे कि भगवान 'रा' या 'ज्योति के भगवान' ने उनकी धरती की मिट्टी को अपने स्पर्श की छुअन से जीवन्त कर दिया है और उसी छुअन से पिरामिड के गर्भगृह में अनन्त निद्रामग्न सभी शासक, शहज़ादे भी जाग उठेंगे और अपनी प्रजा के दुःख को अपने अस्तित्व में आत्मलीन कर लेंगे। इस प्रक्रिया को (पुनर्जीवित) कहते हैं। प्रकृति की मृत्यु पर विजय जैसा भाव था यह। पुराने मिस्रवासी अपने जीवन का एक ऐसा खाका बुनते थे जिसके ताने-बाने में भौतिक इच्छाएँ आत्मिक विश्वासों के साथ गूँथी जाती थीं, परन्तु अब वह खाका धुँधलाता जा रहा है।

केअरो मिस्र की राजधानी है, इसके हृदयस्थल के निकट बहती है नील नदी। नील नदी से ही इसका अस्तित्व अर्थवान है अन्यथा दूर-दूर तक फैले रेगिस्तान एक विस्तृत अन्धड़-से मुँह बाए बैठे नज़र आते हैं। इजिप्ट का 96 प्रतिशत क्षेत्र रेगिस्तान है। नील नदी के पुल से गुज़रते ही गीज़ा का क्षेत्र आता है जहाँ ऐतिहासिक पिरामिड तीन हज़ार साल से अपनी अनूठी मुद्रा में अकड़े खड़े हैं।

गीज़ा प्रदेश में तीन पिरामिड हैं—एक बहुत बड़ा, दूसरे दो उससे कुछ छोटे। 'खूफू' नामक बड़े पिरामिड को मिस्र के द्वितीय शासक ने 2551-2528 ई.पू. में निर्मित किया था। आज भी यह पिरामिड विश्व की सात अविश्वसनीय वस्तुओं में से एक माना जाता है। इसके विशालकाय क्षेत्रफल में रोम का 'सेंट पीटर्सबर्ग कैथीड्रल' लंदन के 'सेंट पौल्स कैथीड्रल' तथा 'वैस्ट मिन्निस्टर्स एबी', फ्लोरेंस और मिलान के 'कैथीड्रल' आदि एक साथ समा सकते हैं। इनको बनाने के लिए सेंडस्टोन, ऐलाबास्टर आदि पत्थरों की जो शिलाएँ प्रयुक्त हुई हैं, उनका भार पाँच टन से लेकर पन्द्रह टन तक है। खूफू की ऊँचाई 481 फीट थी जो अब घटकर 450 फीट रह गई है। इस पिरामिड की एक दीवार की शिलाओं की गणना 755 है और दूसरी दीवार की 746—इसमें एक बिलकुल छोटा-सा खिड़कीनुमा रोशनदान है जो आत्माओं का बाहरी संसार से सम्पर्क बनाये रखने के प्रयोजन से निर्मित किया गया था।

ग्रीक इतिहासकार हेरोडोटस के अनुसार एक पिरामिड बनाने के लिए एक लाख कार्यकर्ता दिन-रात काम करते थे। पिरामिड के निर्माण में नियुक्त कार्यकर्ता क्रय किए हुए दास-दासियाँ नहीं थे वरन् अपने कार्य में दक्ष, चुने हुए कुशल कारीगर और शिल्पी थे जिन्हें भवन-निर्माण कला की सूझबूझ थी। पिरामिड-निर्माण का कार्य विशेष रूप से उस मौसम में होता था जिस मौसम में खेतों में काम समाप्त

हो जाता था और मिस्र के अधिकतर भू-भाग में बाढ़ का प्रकोप रहता था। सोचकर देखें तो आश्चर्य होता है, इतने अधिक कार्यकर्ताओं को सँभालना, उनमें काम वितरण करना, सहेजना, उनके रहने-खाने की व्यवस्था करना कितने जोखिम और सूझबूझ का बायस रहा होगा।

पिरामिड में भीतर जाने का एक संकरा-सा रास्ता है जिसमें झुककर ही जा सकते हैं। हमारा गाइड बताता है, ''शासकों के सम्मुख सिर झुकाकर जाना ही हमारी सभ्यता है, इसीलिए यह मार्ग इतना तंग है।'' सिर नवाये हम पिरामिड के गर्भगृह में प्रवेश करते हैं। इसके मुख्य तीन कक्ष हैं। पहले कक्ष में वैसे तो इस समय कुछ भी नहीं है परन्तु हमारा गाइड बताता है कि यहाँ जो मूर्तियाँ थीं वे पुनर्जन्म की द्योतक थीं। दूसरे कक्ष में छोटा मन्दिर था जो मृत आत्माओं का पूजा स्थल था और जो उनके जीवन की निरन्तरता को घोषित करता था। तीसरे कक्ष में मृत शरीरों को ममी रूप में रखा जाता था।

पुराने मिस्रवासियों का विश्वास था कि एक समय ऐसा आयेगा जब कभी दिवंगत शासक और उनके राज्य-कर्मचारी जी उठेंगे और पुनः अपना कार्य सँभालेंगे। अविश्वास होता है इस विश्वास पर। इतिहास साक्षी है कि समय-समय पर धन और धरा के लिए पुत्र ने पिता की हत्या की, राज्यसत्ता हथियाने के लिए भाई ने भाई का खून किया, राज्य कर्मचारी ने अपने शासक का, ब्रूटस ने सीज़र को मौत के घाट उतार दिया। उसी इतिहास में इतना गहरा विश्वास कि मृत शासकों के शरीर को पुनः जीवित हो जाने के लिए सहेजकर रखा मिस्रवासियों ने। मात्र शासक ही नहीं, उनके जीवनकाल में प्रयुक्त होने वाली हर वस्तु-उनकी बेगमें, शहज़ादे-शहज़ादियाँ, राज्य-कर्मचारी, दास-दासियाँ, घोड़े-पलँग और राज-गद्दियाँ, खाना-पीना सभी कुछ उनके साथ पिरामिड की इन दीवारों के भीतर दफन कर दिया। ऐसे गहरे विश्वास और आस्था की मिसाल इतिहास में और कोई नहीं है।

पिरामिड के साथ एक मन्दिरनुमा कक्ष है, जहाँ मृत शरीर को ममी में बदला जाता था। इस स्थल को 'एम्बामिंग टैम्पिल' कहते हैं। ममी बनाने के लिए सबसे पहले मृत शरीर के भीतर के कोमल अंगों को निकालकर घड़ेनुमा तीन पात्रों में रखकर बन्द कर देते थे। उसके पश्चात् शरीर को पूरी तरह औषधियों से लेप कर सुरक्षित किया जाता था। औषधियाँ सूख जाने पर उन पर पतली सफ़ेद पट्टियाँ लपेटी जाती थीं—इन शरीर को 'ममी' कहते थे। सुरक्षा के लिए इस ममी पर लकड़ी के कवच

या अन्य धातुओं के दो या तीन कवच चढ़ाए जाते थे। ये कवच या कॉफिन शरीर के आकार के होते थे और उन पर अनेक प्रकार की सजावट की जाती थी। ये कवच सोने-चाँदी के नक्काशीदार ही नहीं, एक कलाकृति जैसे खूबसूरत होते थे।

उन दिनों मिस्र निवासियों का विश्वास था कि प्रत्येक शरीर में दो विशेष शक्तियाँ होती हैं जिन्हें ये लोग 'बा' और 'का' कहते थे। यह भी मान्यता थी कि आत्मा या उसकी अतीन्द्रिय शक्तियाँ मृत्यु पश्चात् भी जीवित रहती हैं, अतः पिरामिड की दीवारों पर रंगीन चित्र बनाये जाते थे। 'बा' की प्रस्तुति वृक्षों के ऊपर बैठे पक्षी के रूप में होती थी। 'का' को आत्मा के सृजनात्मक या मौलिक परीक्षण का केन्द्र समझा जाता था, जो जीवन से भी महान था। 'का' जीवन में सदा ही समाविष्ट रहता था और शत्रुओं से आत्मा की रक्षा करता था। अनेक प्रकार के भगवानों और देवताओं के चित्र भी दीवारों पर बनाये गये थे—उनके हर रूप की अपनी शक्तियाँ होती थीं, कहीं बैल का सिर, कहीं सारस पक्षी का सिर, कहीं गाय, कहीं लोमड़ी का सिर मनुष्य शरीर पर लगा होता था। लोमड़ी के सिर वाले देवता का नाम 'अनुबिस' माना जाता था, जो कब्रिस्तान में ही रहते हुए मृत शरीरों की देखभाल करते थे।

सब देवताओं में प्रमुख 'रा' या सूर्य देवता को माना जाता था, 'रा' भगवान को ही समूचे विश्व का सृजनहार और शासकों को आश्रय देने वाला मानते थे। पिरामिड में इन चित्रों के अतिरिक्त घर में काम आने वाले सभी पदार्थों के साथ तरह-तरह के भोजन-मदिराएँ, सोने-चाँदी के आभूषण, वस्त्र, मिट्टी या धातुओं के बने बर्तनों के साथ-साथ कभी-कभी जीवित सेवक-सेविकाओं को भी दफन कर दिया जाता था। कयामत के दिन उनके न्याय-कक्ष में हृदय को सच्चाई के पलड़े में तोलने की प्रथा थी, अतः हृदय के स्थान पर किसी एक ख़ास पक्षी के पंख को रख देते थे। यह एक प्रकार से उनके दैवी विश्वास को समर्पित होता था।

मिस्र के निवासी जादू-टोने में भी विश्वास रखते थे तथा उनके जीवन पर धर्म का बहुत प्रभाव था। यह बात अलग है कि किसी भी स्त्री या पुरुष को भगवान में उतनी निष्ठा या आस्था नहीं थी, जितनी मन्दिरों के बाहरी आडम्बरों और क्रिया-कलापों में उनका विश्वास था। गणनाशास्त्री और पुजारी सूर्य, चाँद और नक्षत्रों को देखकर गणनाएँ करते थे और उन्हीं के अनुसार जीवन की कार्य-प्रणाली निश्चित होती थी। खेती-बाड़ी आदि भी उन्हीं गणनाओं के हिसाब से की जाती थी। इन्हीं गणनाओं के सहारे पिरामिड आदि के पत्थर जोड़ते-तोड़ते समय यहाँ के निवासियों

ने ज्योमेट्री, खगोलशास्त्र, भवन-निर्माण कला आदि में पारंगतता हासिल कर ली। यही नहीं, चिकित्साशास्त्र, औषधियों के रसायनिक विकास, जलपोत आदि बनाने की कला, न्यायशास्त्र आदि में भी अपने को पारंगत कर लिया।

इतना जानने के उपरान्त भी मिस्र-निवासियों का विश्वास था–''मृत्यु के उपरान्त भी जीवन की निरन्तरता है, सार्थकता है'' और वे अपनी आस्थाओं पर दृढ़ रहे। 'हमारा' शहर का सीढ़ीनुमा पिरामिड मिस्र का पहला पिरामिड माना जाता है। इसकी सीढ़ियाँ उस समय भी अपने शासकों के लिए स्वर्ग जाने का मार्ग गढ़ती थीं, आज भी गढ़ती हैं। यह पिरामिड मिस्र की भवन-निर्माण कला के क्षेत्र में आज भी अद्वितीय मिसाल माना जाता है। इसमें आज भी चित्र अपनी फीकी पड़ती छटा के साथ देखे जा सकते हैं। सभी चित्र जनजीवन के हैं, बलि चढ़ते पुजारियों, मछली पकड़ते मछुआरों के या पत्थर काटने वाले परिवारों के।

यों तो सारे पिरामिड अन्दर से खाली हैं, उनके भीतर की सभी प्रतिमाएँ, ममी आदि अजायबघर में पहुँचा दी गई हैं। पूरा केअरो शहर एक ओर हज़ारों साल पुरानापन जीता है, दूसरी ओर नया प्रगतिशील बीसवीं सदी का जीवन। अजायबघर की चारदीवारी के बाहर एक आधुनिक संसार भी है और भीतर हज़ारों वर्ष पूर्व का संग्रहालय भी अपनी भव्यता से सिर उठाये खड़ा है। इसके भीतर पुराने भित्तिचित्र, प्रतिमाएँ, ममी, ममी के बनाने की प्रक्रिया के बहुत से चित्रों के अतिरिक्त ममी के साथ दफन किए हुए घर के सामान, जवाहरात, आभूषण-वस्त्र और सबसे देखने योग्य है तूतमखामन का ठोस सोने से बना कवच। तूतमखामन का यह बहुमूल्य सोने का कवच आज भी चमक रहा है। उसके ऊपर बने चेहरे की बड़ी-बड़ी काजल-अंजित आँखें उसी अन्दाज़ से देख रही हैं जैसे वर्षों पहले उन्होंने मृत्यु के क्षण को आते हुए देखा होगा। सभी दर्शनीय पात्र एक अजीब-सी अनुभूति से मन को अभिभूत कर जाते हैं... आश्चर्य जैसा मनोभाव हर पल साथ चलता है।

इस बेशकीमती ममी को 26 नवम्बर, 1922 में हावर्ड-कार्टर नामक पुरातत्व-वैज्ञानिक ने अपनी टिमटिमाती मोमबत्ती के प्रकाश में खोज निकाला था। तब से आज तक यह पर्यटकों के आकर्षण का मुख्य केन्द्र रहा है, उसे देखकर दाँतों तले उँगली दबा लेनी पड़ती है।

'गीज़ा' के तीनों पिरामिड्स के बिलकुल सामने अपने मायावी रूप से पहरा दे रहा है एक अकेला 'स्फिंक्स'। इसका शरीर शेर का है और चेहरा मनुष्य का।

यहाँ के निवासियों का विश्वास है कि इस आकार के कारण यह 'स्फिंक्स' पशु की शारीरिक शक्ति और मनुष्य के मस्तिष्क की बुद्धि के समावेश का एक भव्य प्रतीक है। इसके माथे पर कोबरा भी विराजमान है, जो यहाँ के शासक होने का द्योतक था। यह भी कहा जाता है कि 'स्फिंक्स' में 'रे-हाराक्थी' नामक देवता का भी निवास है। बारहवीं शताब्दी में अरब के प्रसिद्ध डॉक्टर अब्दुल लतीफ ने इस 'स्फिंक्स' को देखकर लिखा—'इसके शरीर में सौन्दर्य और चेहरे पर सौम्यता दोनों की छाप है, यही नहीं, इसकी मुस्कान में मधुरता के साथ एक विशेष गम्भीरता भी घुली हुई है।' पाँच हज़ार साल से यह स्फिंक्स उदास आँखों से आते-जाते पर्यटकों को निहारता, मोहता रहता है और शायद उसी ने उसी पथराई उदास मुद्रा में अपने शासकों को ममी में ढलते देखा होगा।

पिरामिड के साथ पर्याप्त समय व्यतीत करके हम गर्म रेगिस्तान पर चलते हुए जब शहर की देहरी तक आते हैं तो ताँगेवाले, रंगीन सजावट से लैस ऊँट और ऊँट-सवार हमें घेर लेते हैं। शहर का शहरीपन अचानक जैसे बर्दाश्त नहीं होता, हम पैदल ही चल पड़ते हैं। शहर को शहर की गलियों में कदम-कदम चलकर ही तो देखा जा सकता है। केअरो की जिस गली में हम चल रहे थे वहाँ दोनों ओर गन्दगी, कूड़े के ढेर, खुली नालियाँ, मटमैले बच्चे, सब्ज़ी या फल की दुकानें, तरबूज़ की दुकानें जिनमें थोड़ी मात्रा में मुरझाई हुई तरकारियाँ एक दर्द की सिहरन-सी मन में भरती थीं। नानबाई की दुकानें एक खास खुशबू से माहौल को एक भूख से भर रही थीं। सड़क के दोनों ओर के मकान टूटते और ढहते हुए—वे घर, कोठरियाँ, कमरे, उन पर पड़े मैले-से पर्दे उड़-उड़कर घर के हालात का पर्दाफाश कर रहे थे। नक़ाब डाले या नक़ाब उलटे पर्दानशीं जवान औरतें, उनकी झाँकती-सी आँखें, घर के दालान या देहरी पर बैठी बूढ़ी औरतें अपने पोपले मुँह से बकझक में लगी थीं—सब कुछ जैसे थका हुआ था, बेदम।

अचानक मुझे लगा, सारा परिवेश बहुत पहचाना हुआ है, अपना है, अपने अलीगढ़ जैसा है। हवाओं में घुलता एक झीना अपनापन मेरे अस्तित्व पर आ गिरता है और मैं उसे ओढ़कर बहुत अनमनी हो जाती हूँ। बचपन से अब तक इन पर्दों की रहस्यात्मकता और काले नक़ाब के पीछे छुपे चेहरों के बँधे उद्‌गारों ने मुझे जकड़ रखा था। आज फिर अचानक जैसे उसी आइने के सामने आ खड़ी हुई थी जिसे वर्षों पहले अलीगढ़ की किसी बन्द हवेली के अँधेरे माहौल में पड़ा छोड़ आई

थी। चलते-चलते मेरे पैर एक सफ़ेद रंग से पोती हुई छोटी-सी मस्जिद के आगे आ रुकते हैं। अलीगढ़ का सैय्यद जिस पर अहमद ड्राइवर और उसकी बीवी बतूलन ईद के दिन हमसे माँगकर चादर चढ़ाते थे, ऐसा ही तो है। मस्जिद की दीवारों पर हरे रंग से बेल-बूटे बने हैं, चमकती रुपहली पत्ती लगी है। अन्दर बहती लोबान की सुगन्ध भी तो उस अगरबत्ती की गंध से मेल खाती है जो सैय्यद पर लोग जला जाते थे। मेरे मन में वही भक्तिभाव लहराने लगता है जो सैय्यद को देखकर जगता था। प्रायः ऐसा होता कि रास्ता चलते समय जब हमारे कदम ठिठककर किसी खंडित प्रतिमा, मन्दिर के अधमुंदे द्वार के सामने पड़ जाते और हम एक मौन नमन में झुकते, तो वास्तव में अपने भीतर के किसी मध्यबिन्दु पर जैसे सारे विचार समाधिस्थ होने लगते थे। उसके फलस्वरूप अपने मन में हमें एकाग्रता ही नहीं, एक अजीब-सी शान्ति की भी अनुभूति होती थी।

सुशील किसी दुकान पर कैमरे की फिल्म खरीदने में व्यस्त हो जाते हैं। मैं चलती हुई एक मकान के पर्दे के पास खड़ी होकर उसके पीछे झाँकने का प्रयास करती हूँ—जानना चाहती हूँ वहाँ की जीवन-पद्धति को, विशेष रूप से उसे जो पर्दों के पीछे साँस ले रही है। सहसा एक औरत बाहर आती है, नवयौवना है, सुन्दर भी, उसने लम्बा-सा लाल रंग का चोला-जैसा पहना है, सिर पर कसकर कपड़ा बँधा है—परन्तु उसके चेहरे पर, विशेष रूप से गहरी भूरी आँखों में लबालब भरी हुई एक तरल संवेदना है जो छलछला रही है—जैसे वह उठने को प्रस्तुत हो। कुछ है जो मुझे छू रहा है, कुरेद रहा है कि मैं उसे जान लूँ। शायद वह भी मुझे जानना चाहती है। मैं आस-पास देखती हूँ। हम दोनों की भाषा भिन्न है—मैं भी कुछ कहती हूँ, वह भी कुछ बुदबुदाती है, पर्दा उठाती है, शायद मेरे लिए भीतर आने का आमन्त्रण है।

पर्दे के पीछे एक दालान जैसा है, जिस पर घुटनों के बल एक सिकुड़ी-सिमटी-सी वृद्धा बैठी है। वह स्त्री कम, काले कपड़ों की एक गठरी-जैसी अधिक प्रतीत होती है। पता नहीं वह युवती की क्या है, माँ या सास? तभी सुशील गाइड के साथ मुझे ढूँढते हुए आ जाते हैं—मैं आग्रह करती हूँ उस गाइड से कि मुझे उस औरत से मिलवा दे—मुझे पता करके बता दे कि इस धरती की इस गली की इस औरत का, इक्कीसवीं सदी की पर्दानशीं इस औरत का जीवन और इस टूटते-ढहते घर के अस्तित्व का आज के युग में अर्थ क्या है?

मेरा प्रश्न उस तक पहुँच जाता है। मैं उस चेहरे पर घुमड़ती एक घटा को

देख सकती हूँ...उसकी आवाज़ में तुर्शी है जैसे कोई पिघला हुआ शीशा शीतल फलक पर बहे और चटककर टूट जाये। उसने जो भी कहा, गाइड के शब्दों से जो मुझ तक पहुँचा, वह कुछ इस प्रकार था—"संसार के इस भू-भाग में रहना एक शून्य में रहने जैसा है। समय की यहाँ या शायद मेरे लिए कोई अहमियत नहीं है। दिनों का हिसाब रखना मुझे नहीं आता। हम औरतों के जीवन में न तो कोई छुट्टी है, न कोई सप्ताहान्त। हमारे जीवन का न तो कोई ध्येय है, न ही कोई प्रयोजन, न ही कोई प्रेरणा हमें सपना दिखाती है। एक सपाट जीवन है जहाँ गति को कोई नहीं जानता। एक शीतल ठहराव ही हमारी नियति है। मेरी दादी-सास, साठ, सत्तर-अस्सी साल पहले यही जीवन जीती थीं, मेरी सास ने भी यही जीवन जिया होगा, अपनी कोठरी के कुहासे से दालान तक आना और इस दरवाज़े के पर्दे को उठाकर बाहर के संसार को देखना भर उनकी एकमात्र यात्राएँ थीं। यह भी सच है कि इस घर की औरतें अपने जीते-जी यह देहरी फलाँगकर नील नदी के तट तक कभी नहीं गईं। मैं आज जीवन के उसी कगार पर खड़ी हूँ जिस पर वह भी एक दिन खड़ी थीं, अन्तर मात्र इतना है कि मैं गली के बाहर आकर दो-एक बार नील नदी के तट तक जा चुकी हूँ और मेरी उँगलियों ने पिरामिड के सख्त खुरदरे पत्थरों को छुआ है।"

"क्या प्रेरणा देते हैं तुम्हें ये पिरामिड?"

"एक प्रतीक्षा, इस जन्म के बीत जाने की, इस जन्म की मृत्यु के बाद आने वाले एक सुखद जीवन की प्रतीक्षा जब मैं किसी और घर या गली में रह सकूँगी, जहाँ पर्दे नहीं होंगे, चेहरे पर नकाब नहीं होगा, दमघोट घुटन नहीं होगी। घर की टूटती-ढहती दीवारें नहीं होंगी—खुलापन होगा और होंगी विमान यात्राएँ—जीवन से मुक्तता की ओर ले जाती हुईं।"

एक खूँटी पर बाँस की खपच्चियों का बना पिंजड़ा है जिसमें कुछ चिड़ियाँ बन्द हैं। सहसा वह औरत एक हाथ से पिंजड़े को घुमाती है, चिड़ियाँ फड़फड़ाती हैं और वह औरत हाथ में पकड़ा पर्दा छोड़ देती है—वह पर्दा मेरे और उसके बीच एक मटमैली दीवार-सा तन आता है। मैं उसको अदृश्य हाथों से छूती हूँ, एक छलछलाता अपनापन जुड़ता है—अलीगढ़ में भी या हिन्दुस्तान में भी तो अनन्त ऐसी गलियाँ हैं, घर हैं, पर्दे हैं जिनके भीतर की घुटन ऐसी है,...ऐसी ही है...मैं चलने लगती हूँ तो मन में मेरे समानान्तर फ़ैज़ की यह नज़्म भी चलने लगती है—

*दिल ये कहता है कहीं और ले जाये जहाँ,*
*कोई दरवाज़ा अबसवा हो न बेकार कोई*
*याद फरियाद का कशकोल लिये बैठी हो*
*महरमे-हसरते-दीवार हो दीवार कोई*
*न कोई साया-ए-गुल, हिजरते कुल से वीरां*
*ये भी कर देखा है सौ बार कि जब राहों में*
*देस-परदेस के बेमेहं-गुजरगाहों में*
*काफिले-कामत-ओ-*
*रुखसार-लब-ओ गेसू के*
*पर्दा-ए-चश्मा पे यूं*
*उतरे हैं वे-सूरत-ओ-रंग*
*जिस तरह बन्द दरीचों*
*पे गिरे बारिशे-संग*
*और दिल कहता है हर*
*बार चलो लौट चलो*
*इससे पहले कि वहाँ*
*जायें तो ये दुःख भी न हो*
*ये निशानी कि वो दरवाज़ा खुला है अब भी*
*और उस सहन में हर सूं यूं ही पहले की तरह*
*फर्शे-नौभीदी-ए-दीदार बिछा है अब भी*

ध्वनि और प्रकाश के कार्यक्रम से ये कथानक उमड़ते हैं—

चलते-चलते हम फिर उस गैलरी तक पहुँच जाते हैं जहाँ पर पिरामिड के इतिहास का ध्वनि और प्रकाश कार्यक्रम आरम्भ होने वाला है। तीनों पिरामिड, उनके आगे बैठा स्फिंक्स कभी हरी, नीली या नारंगी रोशनियों में चमकता है। संगीत और ध्वनि से एक वातावरण बनता है जो हमें इतिहास के उस काल में ले चलता है जब यहाँ के सब शासक जीवित थे। रेगिस्तान की रेत उड़ती है, हर कण जीवन्त हो उठता है।

होमर की एक दंत-कथा के अनुसार, "'वैली ऑफ़ किंग्स' की इस घाटी में एक देवता था, उसका एकमात्र पुत्र था मैमन। मैमन बहुत होनहार राजा था

और देश के लोग उसे बहुत चाहते थे। एक दिन आर्किलिएस नामक दूसरे राजा ने उसे मौत के घाट उतार दिया। यहाँ शवों का अन्तिम संस्कार नहीं होता था, इसलिए मैमन की माँ हर सुबह अपने बेटे, मृत शरीर को बाँहों में लेकर सहलाती थी। जैसे ही सूर्य की पहली किरण धरती पर उतरती, मैमन के निर्जीव शरीर में जीवन का संचार हो जाता था।''

दूसरी एक कथा पत्थरों से उमड़ती है—सूर्य के प्रकाश की महत्ता उन दिनों बहुत थी, सूर्य के प्रकाश की ऊष्मा से बालू पत्थरों की बनी प्रतिमाओं के मध्य उकेरे गये छेदों से गर्म किरणें टकरातीं तो मृत शासकों की एक कराह यहाँ की रेतीली हवाओं में सरसराती थी और उसके साथ कई करुण संगीत के स्वर उभरते थे। पूरी दो शताब्दियों तक ये प्रतिमाएँ गीत गाती रहीं और लोग दूर-दूर से आकर उन्हें श्रद्धांजलियाँ अर्पित करते रहे।

कहते हैं, एक बार रोम के शासक भी यहाँ आये थे और कॉलोसस की मूर्तियों के संगीत को मन्त्रमुग्ध होकर सुनते रहे। सूर्य के उगने के बाद जैसे-जैसे हवाओं में उष्णता बढ़ती गई, संगीत के स्वर उभरते रहे, रेगिस्तान की जलती हुई रेत का संगीत सिहरता रहा—सेप्टीमस सरवस नामक एक कारीगर को मूर्तियों की खंडित अवस्था पर दुःख हुआ, उसने इस अजीबोगरीब प्रतिमा का जीर्णोद्धार करने की ठान ली। प्रतिमा को अपना खोया हुआ रूप तो प्राप्त हुआ परन्तु जो संगीत टूटे हुए वक्षस्थल से उठता था, वह उस जुड़े हुए वक्षस्थल के बाहर ही थमा रह गया। स्वर रूठ गये और गीत उन प्रतिमाओं ने फिर कभी नहीं गाया। सूर्य की किरणों ने लाख सिर पटका, मनुहार किए पर कॉलोसस के होंठों से कोई गीत नहीं फूटा। डेढ़ हज़ार साल से ये प्रतिमाएँ इसी मुद्रा में पर्यटकों को निहार रही हैं और जैसे उनकी इस नश्वर समाधि पर नश्वर प्राणी का कोई प्रभाव नहीं पड़ता। जैसे ये मौन प्रतिमाएँ एक हठधर्मी प्रहरी-सी मिस्र की इस धरती पर पहरा ही नहीं दे रहीं, अनन्त फैले रेगिस्तान को अपनी सूनी निगाहों से देखती हुई एक निरन्तर असमाप्त-सा तप जी रही हैं।

पिरामिड की धमनियों में एक नया बिम्ब उभरता है—देवताओं की धरती पर क्लिओपेट्रा का जो अपने को भगवान 'रा' की पुत्री मानती थी। वह मिस्र में नहीं जन्मी थी, मैसीगेनिया से आई थी और मिस्र की न होते हुए भी मिस्र पर उसने सत्रह साल की छोटी उम्र से छयालीस साल की उम्र तक राज किया। उसकी

राजनीति प्रेम की थी, अपने शरीर के अद्भुत सौन्दर्य और उसकी उद्दाम इच्छाओं को ढाल बनाकर उसने राजनीति के दाँव-पेंच लड़े थे।

एक स्वर उस 'शो' का यह भी था कि–

क्लिओपेट्रा ने रोम के महान शासक जूलियस सीज़र से, जिससे उसे एक पुत्र भी प्राप्त हुआ, राजनैतिक सम्बन्ध रखे। सीज़र की मृत्यु के बाद उसने रोम के दूसरे शासक एण्टोनी के साथ भी एक अद्भुत जीवन जिया। एण्टोनी महान राजनीतिज्ञ होते हुए भी क्लिओपेट्रा के अमानवीय रूप के आकर्षण-तले दब गया था। इतिहास के दो महान शासकों को अपने शारीरिक और राजनैतिक मोहपाश में गूंथकर जीने वाली क्लिओपेट्रा जैसी महारानी ने मृत्यु को भी जिया था। ऑक्टेवियन के कर्मचारियों ने जब उसे जीवित पकड़ने का प्रयास किया तो वह अपनी स्वर्ण-शय्या पर सोलह श्रृंगार से सज्जित मृत पड़ी थी। ज़हरीले सर्प के विष से उसका सुन्दर शरीर नीला पड़ गया–फड़फड़ाती हुई उसकी आत्मा शायद सीज़र, एण्टोनी के देश में भटक रही थी। परन्तु उसका शरीर ममी के रूप में उसी धरती पर संजोकर रखा गया है।

वह अगस्त मास की तीस तारीख थी और आज अगस्त की आठ तारीख है। मैं सोच रही हूँ, यही महीना था, सपना हो या सच, क्लिओपेट्रा की खनखनाती हँसी रेत के उस गुबार में उठती हुई मुझे घेर ले रही है। ग्रीक लेखक प्लूटार्क ने कहा था–"क्लिओपेट्रा की हँसी संगीत के उस राग की तरह है जिसमें अनेक तार एक ही साथ झनझनाते हैं।"

फिज़ाओं में काले साये, रोशनियों में गूँजती अतीत की ध्वनियाँ, कॉलोसस का करुण संगीत और क्लिओपेट्रा की हँसी इस संसार से उड़ाकर हमारे अस्तित्व को इतिहास की किसी गली में पहुँचा आती है। ज़िन्दगी रुक जाती है, पल ठहर जाते हैं, मृत अतीत वर्तमान में जी उठता है और भारी मन लिये हम वहाँ से उठते हैं।

मृत्युलोक जैसे इस केअरो शहर का जन-जीवन सामान्य है। ये हवाएँ जो हमें सहलाकर हमारे भीतर एक अजीब प्रकार के सन्नाटे का सृजन करती हैं, यहाँ के निवासियों को उतना ही मदमस्त बनाती हैं। अपने शरीर को गालाविघा से ढँक ये लोग मज़े से गधे पर चढ़े घूमते नज़र आते हैं। नील नदी में सैर करने के लिए रात के समय तैरते हुए भोजनालय में भोजन करना अपने आप में एक अनुभव

है—भीतर से सारा परिवेश वातानुकूलित ही नहीं, पाँच-सितारा होटल जैसा खूबसूरत है—तरह-तरह के खाद्य, मदिराएँ मेज़ पर सजी हैं—संगीत और नृत्य का रंगारंग प्रोग्राम साथ-साथ चलता है—यहाँ का प्रसिद्ध बैली नृत्य भी प्रस्तुत किया जाता है।

नील नदी के नीचे जल पर तैरता यह पोत एक सपने जैसा है—अनिर्वचनीय। बीच-बीच में 'नेफरतिती' की ममी की नकल का पहनावा पहने एक ज्योतिषी आ जाता है—हर मेज़ पर जाकर वह हाथ देखता है और भाग्य का लेखा-जोखा मिर्च-मसाला लगाकर सुनाता है। बहुत से लोग उत्सुक होकर सुनते हैं। मनुष्य के हृदय में एक बहुत ही बड़ी शक्ति है, चेतनता या वह भावना जो स्वप्न-निर्माण की प्रक्रिया में सक्रिय होती है। मनुष्य पूरा जीवन इसी एक भाव के आधार पर व्यतीत करता है और शायद इसी भाव की तीव्र अनुभूति होगी, जिसने मिस्र के पौराणिक निवासियों को उत्साहित किया होगा कि वह मृत शरीर को ममी में ढाल दें और पिरामिड की संरचना करके फिर से जी उठने के भाव को जीवित रखें।

यहाँ एक कथा बहुत प्रचलित है कि किसी मॉनेस्ट्री में कुछ गणनाशास्त्री और साधक रहा करते थे। वहाँ का एक फकीर मर गया। उस आश्रम के निकट उन लोगों ने एक खाई खोद रखी थी जहाँ वह मृत संन्यासियों, पीरों को दफना देते थे। जब फकीर मर गया तो उसे भी खाई के उस तहखाने में डाल दिया गया और मुँह को चट्टानों से ढाँप दिया। बहुत बार भूल हो जाती है—मनुष्य मृत नहीं होता, उसे मृत मान लिया जाता है। बहुधा यह भी होता है कि मनुष्य जब मरता कभी है तब न दफनाकर किसी और तारीख दफनाया जाता है।

फेंके जाने पर फकीर को होश आ गया। जब उसे स्थिति का पता चला तो घबराकर उस तहखाने से छूटने का प्रयास करने लगा। युक्तियाँ तलाशने लगा पर बड़ी तीव्रता से निराश भी होने लगा। खाई के बन्द परिवेश में कब्रिस्तान की उस सीलनभरी मौत का धुआँ उसे घबराहट से भरने लगा। वह प्रतीक्षा करने लगा, गुफ़ा के घुटन-भरे अँधेरे गलियारों में भटकने लगा। मन में जीने का भाव प्रबल था। अतः जीवित रहने के लिए वह मुर्दों का मांस खाने लगा और नालियों में रिसता पानी अपने होंठों की प्यास बुझाने के लिए प्रयोग करता रहा। उसे प्रतीक्षा थी कि जब कोई संन्यासी या पीर मरेगा और खाई के पत्थर उसके मृत शरीर के लिए द्वार बनायेंगे तो वह उछलकर बाहर आ जायेगा।

आश्चर्य ही था, उस मॉनेस्ट्री में सात साल बाद मौत हुई और सात साल की इस लम्बी प्रतीक्षा के बाद वह फकीर खाई से बाहर निकल आया, यही नहीं, उसके पास सामान की एक बड़ी गठरी भी थी। यह सामान वह मृत शरीरों और उनके साथ दफन किये हुए सामान में से छाँट लाया था जिन्हें वह सात साल तक जोड़ता रहा था, नया जीवन चलाने के लिए। लोग उसे देखकर घबराये, उसे पहचाना भी नहीं, क्योंकि वह तो मर चुका था। सब उससे एक ही सवाल करते थे कि वह कैसे इतने साल सड़ते-गलते मृत शरीरों के बीच अकेला जीता रहा—आश्चर्य था, ऐसी अद्भुत जीजिविषा के साथ।

पूछने पर फकीर ने कहा, "आशा के सहारे, किसी के मरने की आशा के सहारे, कोई मरकर मरघट में उतारा जाये तो उसके लिए खोले गये द्वार से मैं बाहर आ जाऊँ। अब सात साल बाद आशा सफल हुई।" मृत्यु पर भावना की विजय हुई और यही भाव विश्वास, यही जिजीविषा, इन पिरामिड्स के केन्द्र-बिन्दु में शायद आज भी जीवन्त है।

मैं पिरामिड के इस पार खड़ी हूँ, मेरा होना बड़ी दूर का है, मैं उनसे अछूती और अस्पर्शित हूँ। मैं मात्र द्रष्टा हूँ, एक पर्यटक परन्तु ये पिरामिड शायद, एक ग्राहकता हैं, पैसिविटी—ये मनुष्य के दुःख और मृत्यु को सोख लेते हैं। ये शरीरों का रूपान्तरण कर सकते हैं। मुझे भी लगता है, जैसे ये एक द्रष्टा की तरह हज़ारों वर्षों से खड़े हैं—सबको देख रहे हैं परन्तु स्वयं को नहीं देख पा रहे। चलो, मैं इनसे प्रेरणा लेकर अपने आपको देखना प्रारम्भ करूँ, दृश्य से द्रष्टा हो जाऊँ—कि मुझे अपना 'होना' दृष्टिगोचर हो जाये और फिर से मैं एक और यात्रा पर चल पड़ूँ—जिसे खोजने निकलूँ वह मिल जाये, जो शायद इस जीवन में सम्भव नहीं।

# नींद से जागता–चीन

चीन जाने की बात जब भी की जाती, सभी कहते, "चीन भी कोई जाने की जगह है। जाना है तो अमेरिका जाओ, यूरोप जाओ," पर मेरे मन में चीन का नाम अपनी समूची रहस्यमयता समेटे सरसराता रहता। चीन को नकारा भी कैसे जां सकता है–एक पुरातन देश जो सालों से अपने बन्द दरवाज़े से पीठ टिकाये बैठा था, अचानक उठ खड़ा हुआ है और उसके बन्द द्वार खुल गये हैं, उसके फैलकर आते मौन निमन्त्रण को मैं सहर्ष स्वीकार लेती हूँ।

फ़ैडरेशन चेम्बर्स ऑफ़ कॉमर्स की महिला विंग–'फ्लो,' उन महिलाओं की संस्था है जो व्यावसायिक हैं और सक्रिय रूप से अपने को काम में लगाये हुए हैं। इसी के एक डेलीगेशन में मुझे चीन जाने का अवसर हाथ लग गया। सारी तैयारियों के बीच चीन का इतिहास मन में एक पृष्ठभूमि तहा रहा है...जैसे कि चीन के पास अपनी पाँच हज़ार साल पुरानी एक अर्थपूर्ण ऐतिहासिकता है।

चीन के इतिहास का प्रारम्भ उन अद्‌भुत शासकों से होता है जिनके सिर मनुष्य के थे और शरीर सर्प का था। इन शासकों ने देश की प्रगति में बहुत योगदान किया, जैसे खेती करने के नियमित तरीके खोज निकाले, जड़ी-बूटियों से इलाज की पद्धतियाँ तैयार कीं, विवाह जैसी संस्था की संरचना की। यही नहीं, परिवारों का गठित रूप भी इन्हीं शासकों द्वारा सम्भव हो सका। इन शासकों में से एक का नाम 'यू' था, उसने 'ज़िआ डायनेस्टी' की स्थापना की (बारहवीं से सोलहवीं सदी ईसा पूर्व) फिर विद्रोह हुआ और 'शेंग डायनेस्टी' का उदय हुआ।

उसके बाद सत्ताएँ बदलती गईं। 'झाऊ डायनेस्टी' के समय बहुत से नियमित विकास हुए, विशेष रूप से 'स्वर्ग' के अस्तित्व को वहाँ के निवासियों ने स्वीकार किया–अच्छे-बुरे कर्मों का फैसला 'स्वर्ग के नियम' के अनुसार किया जाने लगा

और शासक को 'स्वर्ग का पुत्र' समझा जाने लगा। यही विचार 'ताओ डायनेस्टी' के मूल में प्रभावकारी रहे। इतिहास में 'ताओइज़्म' दर्शन की एक महत्त्वपूर्ण विचारधारा है यद्यपि 'लाओत्से' इसके जनक थे। इसी काल में विद्रोह करने का अधिकार भी जनता को प्राप्त हुआ, यही नहीं, साधारण जनता की मनःस्थिति में बहुत सी सोच आ मिली और उन्हीं दिनों प्रसिद्ध चिन्तक 'कन्फ्यूशियस' यहाँ सक्रिय हुआ, परिणामस्वरूप राज्यकार्य में बहुत से नये योगदान आ मिले।

चार अक्तूबर है—हमारा जहाज़ बीजिंग की धरती पर उतर गया है—हमारा मेज़बान, "सुनहरे पतझड़ी मौसम में चीन की सुनहरी धरती पर आपका स्वागत है" कहकर हमें बस में बिठाता है। हवा में हल्की ठण्डक है और यात्रा का यह आयाम सुखद ही है—जिस सड़क पर हम जा रहे हैं वह बिलकुल नयी बनी है, साफ़-सुथरी जिसके दोनों किनारों पर करीने से ऊँचे पेड़ लगाये गये हैं और नीचे बिछी घास में तराशकर फूलों की क्यारियाँ काटी गई हैं, सभी क्यारियों में लाल रंग के सेनेनेरिया और पीली गुलदाउदी लगी है। रंगों का यह मेल बहुत गहरा है—शहर भी आ पहुँचा, पर चीन कहाँ है? रंग-बिरंगी छतों वाले घर या पगोडा कुछ भी तो नहीं हैं—बस, बहुमंज़िला इमारतों की लम्बी, न खत्म होने वाली कतारें और कुछ नहीं। मैं पुरानेपन में लिपटे ऐतिहासिक चीन को खोज रही थी पर यहाँ एक अन्तरराष्ट्रीय शहर की चमक-दमक पूरी तरह ऐसे छायी हुई थी, जैसे—काई लगे पोखर पर एक चमचमाता जाल बिछा दिया गया हो।

कवि बायरन की एक लाइन है—"आई हैव लर्न्ट टु लव डेस्पेयर" यानी मैंने हताशा से मुहब्बत करनी सीख ली है। मैं सोच रही हूँ कि मेरी खोज का अंजाम हताशा ही क्यों है—बीजिंग का यह नया-नकोर परिवेश, फूलों की यह चटख सजावट पता नहीं क्यों, आँखों को खटक रही है। ढेर सारी इमारतें बनती हुई या खाली, सिर उठाये गर्वित, और हम हैं कि पुरानेपन के पीछे पड़े हैं। खैर, हमारे होटल का बाहरी आर्कीटेक्चर बाकायदा चीनी था—रंगबिरंगा गेट जिसके ऊपर ड्रैगन मुँह खोले खड़ा है। अनगिनत रंग-बिरंगे फूल यहाँ स्वागत कर रहे हैं। होटल का नाम है 'फ्रैण्डशिप', दोस्ती। "बस यही सोच कर ज़माने ने दुश्मनी कर ली कि हमने हाथ बढ़ाया था दोस्ती के लिए"—हम भी तो चीन के पीछे खिंचे हुए हाथ पर दोस्ती की इबारत लिखने आये हैं।

'टाइनामन गेट' बार-बार इंडिया गेट की याद दिलाता है, बहुत से लोग यहाँ

जमा हैं—एक मेला-सा है—यह गेट नेशनल सिम्बल (राष्ट्रीय प्रतीक) है, हर जगह इसकी छाप है, हवाई टिकटों से लेकर पुलिसवाले की टोपी पर भी इसके चित्र छपे हैं। यहीं एक ओर बड़ा-सा चित्र है माओ का, दूसरी ओर है यहाँ के वर्तमान राष्ट्रपति का। यह स्थान बहुत जीवन्त है, जीवन से भरपूर स्पन्दित जैसे चीन का हृदय यहाँ बसता हो। इस गेट को पन्द्रहवीं शताब्दी में बनाया गया था, सत्रहवीं शताब्दी में माओ ने इसका पुनः निर्माण किया और तब से यह स्थान आम जनता से खुलेआम वार्तालाप का एक महत्त्वपूर्ण स्थल बन गया। 1976 में यहाँ के कल्चरल रेवोल्यूशन (revolution) की अन्तिम रैली निकाली थी जहाँ माओ बाँह पर लाल पट्टी बाँधे एक ओर खड़ा था। तब से अब तक माओ जैसे उसी मुद्रा में, खुली आँखों से चीन को निहारता हुआ आज भी खड़ा है—उसकी उपस्थिति आज भी वैसे ही महसूस की जाती है।

'टाइनामन गेट' के पास ही शहर के बीचोबीच ऐतिहासिक महल है, जिसे 'फॉरबिडेन सिटी' या वर्जित शहर के नाम से जाना जाता है। पहले इसके मुख्य द्वार को लांघने का अर्थ था सजा-ए-मौत, परन्तु अब दस येन का टिकट लेकर आराम से भीतर जाया जा सकता है। चौदहवीं शताब्दी में 'मिंग' तथा 'क्विंग डायनेस्टी' के शासकों ने इस अभूतपूर्व भवन का निर्माण किया था। इसमें लगभग 9,000 कमरे हैं। यह भवन अभी तक मजबूती से सिर उठाये खड़ा है—अपनी समूची भव्यता के साथ। इसके भवनों में चीन की पुरातन भवन-निर्माण कला का कलात्मक रूप देखने को मिलता है। इसका विस्तार 720 हज़ार मीटर और उसकी लहरदार छतें विशेष रूप से आकर्षित करती हैं जो पीली ग्लेज़ टाइल से बनी हैं, जिनका रंग अभी भी चटख और चमकीला है। पन्द्रहवीं शताब्दी के शासक 'योंग-ली' ने इसका निर्माण किया था और तब से लेकर चीन के अन्तिम शासक तक सब यहीं रहकर राज्य सँभालते थे। इसकी चारदीवारी के भीतर एक पूरा-का-पूरा संसार रचा गया था, जहाँ दो बार आकाश की बिजली से आग लगी और दो बार यूँ ही लगा दी गई—जिससे दुःखी नहीं, प्रसन्न होकर पुनः लकड़ी का काम आरम्भ किया गया और अग्नि देवता को महल में ही स्थापित करने के लिए एक अग्नि भगवान को समर्पित बड़ा-सा हॉल निर्मित किया गया जहाँ समय-समय पर पूजा-अर्चनाएँ की जाती थीं। इसके अतिरिक्त इसके बड़े महलों में अनेक प्रकार की दर्शनीय वस्तुएँ हैं। एक बड़ा हॉल तरह-तरह की अजीबोगरीब घड़ियों से भरा पड़ा है, दूसरा

बेशकीमती साजो-सामान से, तो तीसरा अनेक प्रकार के रत्नजड़ित आभूषणों से, जहाँ पुराने आभूषण, उनके रत्न आज भी जगमगा रहे हैं।

शाम के पाँच बजे महल के द्वार दर्शकों के लिए बन्द कर दिये जाते हैं–हमारे होटल का डाइनिंग रूम भी करीब सात बजे बन्द हो जाता था। कॉफ़ी-शॉप से हल्का-सा कुछ खाकर कॉफ़ी पी लेते हैं। भारतीय जीवन-पद्धति के हिसाब से लगा, जल्दी ही निबट लिये, अतः हम लोग घूमने निकल पड़ते हैं। होटल का मुख्य द्वार फूलों की रंगीन टोकरियों और रंग-बिरंगे बल्बों की रोशनी से सजा है। होटल से बाहर सड़क पर चलते ही हमें दो आकृतियाँ शॉल-साड़ी में लिपटी नज़र आती हैं–ठिठककर मुड़कर देखती हैं दो पुरुष भी हैं। ''नमस्कार''–हम हाथ जोड़ देते हैं–वह मुस्कुरा कर कहती हैं–''अरे, आप लोग तो भारतीय हैं...हम भी भारत से आये हैं...कब आये आप लोग? चलिये, खुशी हुई आपसे मिलकर...हम तो यहीं रह रहे हैं कोई दस साल से। यूनिवर्सिटी में पढ़ाते हैं हम लोग''–साथ वाले पुरुष ने कहा।

''अच्छा, तो चीन के बारे में आप से बहुत कुछ जाना जा सकता है।'' हम उत्सुकता से निकट सिमट आते हैं कि बातों को ठीक से जान लें।

''हाँ, चलिये न, हम लोग पास ही रहते हैं।''

हम लोग उनके साथ कदम-कदम चल पड़ते हैं। बातचीत का दौर चलता रहता है। बहुत सी बातें, श्री सेन कलकत्ता से आये हैं और श्री गोविन्द भाई काठमाँडू से–उन लोगों ने हमें यूँ प्यार से सहेजा जैसे हम उनके अपने सगे रिश्तेदार हों। 'पंचवटी' सभी ने देखी है–मैं उसकी लेखिका हूँ जानकर सभी खुश होते हैं...मैं भी अपनी इच्छा उनके सामने रख देती हूँ...मैं यहाँ के लेखकों से मिलना चाहती हूँ...कुछ हो सकता है?''

''यहाँ सब कुछ सरकारी सम्मति या असम्मति पर निर्भर होता है...हम लोग कुछ लेखकों को जानते हैं, उन्हें आप से मिलवा देना कठिन नहीं होगा...कल रात का खाना यहाँ खायें आप सब...'' भारतीयता का सच्चापन बहकर हम तक आता है–हम भीग उठते हैं...'मान न मान, मैं तेरा मेहमान'–

यूँ सड़क चलती मुलाकात और बस खाने का निमन्त्रण, वो भी विदेश में ''खाना छोड़िये, आप हमें केवल लेखकों से मिलवा दीजिये...''

उस दिन इतवार था। हम लोग चीन की दीवार देखने निकल पड़े थे। बीजिंग से दीवार तक पहुँचने में एक घंटा लगा। संसार के इस अजूबे को देखने दूर-दूर

से लोग आते हैं—चाँद पर से हमारी धरती का अगर कुछ भी दिखाई देता है तो वह है चीन की यह दीवार। समुद्रतल से एक हज़ार मीटर ऊपर यह दीवार बैडेलिंग पर्वत में तराश कर बनायी गई है। यह दीवार बहुत से बड़े-बड़े दरवाज़ों में बाँटी गई है, जिन पर आज भी पुरानी वेशभूषा पहने पहरेदार पहरा दे रहे हैं। इस दीवार का ध्येय था शत्रुओं से रक्षा करना, परन्तु इस दीवार ने अपने ध्येय की पूर्ति कभी नहीं की। जहाँ तक जा सकते थे वहाँ तक इस ऐतिहासिक दीवार पर चढ़ते चले गये—मन में उत्साह था प्रसन्नता थी कि इस अजूबे को हम देख पाये।

अगले दिन सुबह हमारी मीटिंग थी—चीन की संस्था सी.सी.पी.आई.टी. (चाइना काउंसिल प्रमोशन ऑफ़ इंटरनेशनल ट्रेड) के साथ। चीन में स्त्रियों को 'आकाश का अर्धभाग' कहा जाता है क्योंकि चीन की लगभग आधी जनसंख्या स्त्रियों की है और वह प्रायः सभी व्यावसायिक क्षेत्रों में महत्त्वपूर्ण पदों पर कार्य कर रही हैं। भाषा के व्यवधान के बावजूद उनसे मिलकर अच्छा लगा, पता चला उनमें से अधिकतर अपने कारखाने चला रही हैं या बैंकों में बड़े पदों पर आसीन हैं।

उस शाम हमें अपने भारतीय मित्रों के घर जाना था—प्रोफ़ेसर देबास हमें चीन विश्वविद्यालय दिखाने ले गये। एक बड़े-से खूबसूरत बगीचे से होकर हम पैदल चल रहे थे। पूरे बाग में वृद्ध स्त्री-पुरुष नज़र आये—कुछ ताश खेल रहे थे—कुछ शतरंज खेल रहे थे—कुछ एक कोने में एक ऑर्केस्ट्रा बजा रहे थे—कुछ के पास बाँस के बने खूबसूरत पिंजरे थे और उनमें ढेर सारी खूबसूरत चिड़ियाँ बन्द थीं। कहते हैं, चिड़ियाँ पालना और उनसे वार्तालाप करना समय बिताने की एक पुरानी प्रथा है, जो चीन में आज भी प्रचलित है।

आश्चर्य होता है कि चीन में, जिसकी जनसंख्या एक सौ दस करोड़ है, उसमें सत्तर करोड़ के ऊपर वृद्ध हैं—चीन ने अपने इन वृद्ध निवासियों को सहेजकर रखा है। समय के साथ परिवर्तन यहाँ भी आया है, संयुक्त परिवार टूट चुके हैं और वृद्ध निवासी अकेले रह गये हैं और वे भी समूचे संसार की भाँति एक बार पुनः नये तरीके से एक नया जीवन जीने को मजबूर हैं। परन्तु यहाँ के वृद्ध निवासियों की जिजीविषा अर्थपूर्ण है, वे नये परिवेश में ढल रहे हैं, समय अच्छी तरह व्यतीत कर रहे हैं—कुछ लोग नयी नौकरियाँ कर रहे हैं, कुछ फूल और फल उगाने में व्यस्त हैं यहाँ तक कि वृद्ध निवासियों के लिए विशेष फैशन डिज़ाइनिंग और फैशन

शो भी होते हैं जिनकी मॉडलिंग ये वृद्ध स्वयं करते हैं। इनमें से कुछ लोग पार्क में जाने का पास बनवा लेते हैं, सुबह यहाँ आकर 'ताईची' (Tai-Chi) या 'बॉक्सिंग' करते या सिखाते हैं, अपना दोपहर का खाना भी यहीं खाते हैं और शाम को घर जाते हैं। नवें महीने के चन्द्रमास के नवें दिन 'एल्डर्स डे' या 'वृद्धोत्सव' मनाया जाता है—अच्छा ही लगा कि चलो, संसार के इस भाग में तो वृद्धों को इज़्ज़तदार स्थान प्राप्त है, जहाँ अकेलापन नहीं है शायद?

विश्वविद्यालय की समूची भवन-कला प्राकृतिक झील है, जिसमें इन दिनों कमल के फूल खिले हैं। प्रोफ़ेसर देबास बता रहे हैं कि यह झील सर्दियों के मौसम में पत्थर जैसी जम जाती है और इस पर विद्यार्थी स्केटिंग करते हैं। घर के भीतर आठ-दस चीनी विद्यार्थी हैं। शुद्ध हिन्दी में वार्तालाप, भारत के बारे में जानने को उत्सुक हैं—उन्हें भारत आकर्षित करता है और हिन्दी भी। बहुत से सवाल उठ खड़े होते हैं—वे क्यों हिन्दी पढ़ रहे हैं? पढ़ रहे हैं तो हिन्दी का क्या भविष्य है? जो अपने भारत में अपनी ही भूमि पर दम तोड़ रहा है?

एक भव्य दम्पति कमरे में प्रवेश करते हैं—अधेड़ उम्र, लेकिन चेहरे पर कसाव और अद्भुत तेजस्विता जो भीतर तक प्रकाशित होती है, जैसे समूचा परिवेश चमचमा उठा। प्रोफ़ेसर देबास बताते हैं, "ये 'श्री जिंग दिन हान' हैं। इन्होंने तुलसीकृत *रामचरितमानस* का चीनी भाषा में अनुवाद किया है।"

मेरा मन श्रद्धा से भर उठता है। श्री हान शुद्ध हिन्दी बोलते हैं—बताते हैं, वह अपने अनुवाद कार्य के समय छः महीने अयोध्या जाकर रहे थे जिससे उस परिवेश की समूची वास्तविकता को महसूस कर सकें—और वह यथार्थ उनके अनुवाद का एक भाग बन गया है। अपनी हिन्दी की पढ़ाई के दौरान उन्हें भगवान राम के चरित्र ने इतना अभिभूत किया कि वह इतना महत् कार्य करने में सफल हो सके। और जवाहरलाल यूनिवर्सिटी दिल्ली में रहकर बहुत कुछ सीखा और उसे चीनी भाषा में लिखा भी।

हमारे इस आयोजन में एक और चीनी लेखक हैं जो आधुनिक चीन की नयी विचारधारा से जुड़े हुए हैं। अन्त में उन्होंने पुराने कवि फुदाइशी की पंक्तियाँ सुनाईं जिनका भावार्थ इस प्रकार था—

*यूँ तो मैं खाली हाथ चला था*
*पर जाने कैसे भाला हाथ आ लगा*

*यात्रा तो पैदल ही आरम्भ की थी*
*पर पुल पार करते समय*
*जाने कैसे...भैंस की पीठ पर जा बैठा*
*आश्चर्य...नदी का पानी थमा खड़ा है*
*और पुल है कि बहे जा रहा है...*

जब हम इस अजीबोगरीब शाम से लौट रहे थे तो हमारे हाथ खाली नहीं थे, न ही विश्वासों का पुल बह गया था। हमारे हाथ में चीनी भाषा में लिखी *रामायण* की प्रति थी और बहुत से अनुभवों का पुलिंदा साथ था। विश्वासों के बहुत से बन्धन फिर से बँधे थे। चीन जहाँ एक ओर ऐतिहासिकता में साँस ले रहा है, वहीं दूसरी ओर आधुनिकता में भी नये प्रयोग कर रहा है। नेशनल आर्ट गैलरी में नये चित्रकला के नमूने देखने को मिले, कुछ चित्रकारों से भेंट भी हुई। अच्छा लगा जब एक ने कहा—"मैं अपने चित्र कविता की पंक्तियों की तरह लिखता हूँ और फूलों से सजीव गुच्छों की तरह कैनवास पर सहेजता हूँ।"

आर्ट गैलरी के बाहर निकले तो देखा, कोने में भीड़ का एक गुच्छा जमा हो गया था। पास जाकर देखा, एक आदमी फटेहाल-सा, बड़े-से एक चार्ट पर लम्बी लकड़ी के संकेतों से कुछ समझा रहा था। कौतूहलवश हम वहीं खड़े हो गये—पता चला, वह गणित का प्रोफ़ेसर है और सड़क छाप पीएच-डी है—यहाँ हर शाम आकर जनता को गणित के नये प्रयोग सिखाता है। जब हम उसकी फोटो खींचने का उपक्रम करने लगे तो वह अंग्रेज़ी के शुद्ध उच्चारण में बोला, "नो फोटोग्राफ।"

चीन के इस भ्रमण में मेरा अनुभव बस इतना ही रहा कि चीन के अधिकतर निवासी अपनी खेतिहर पृष्ठभूमि से उठकर जीवन के विभिन्न क्षेत्रों में प्रवेश कर रहे हैं। उनकी अपनी एक सशक्त मेहनतपूर्ण बुनियाद है जो उन्हें कर्मठता प्रदान करती है। वह साधारण और सरल-हृदय हैं या बेहद चालबाज़—परिवर्तन तो प्रवेश कर चुका है, जनजीवन को बदल रहा है। चीन की राजनैतिक और गैर-राजनैतिक संस्थाएँ अपने आस-पास के पड़ोसी देशों से मित्रता के हाथ मिला रही हैं।

बीजिंग से हम लोग शंघाई आये और शंघाई से ज़िआन जा रहे हैं। बस का सफर है—एक शाम जो धीरे-धीरे घुल रही है, रात के श्यामल परिवेश में बदल रही है—

आकाश के उस छोर पर
सूरज डूब रहा है
सारा अम्बर
एक सुनहरे आभास में
श्वास-श्वास जी रहा है
जंगल के उस किनारे पर
नाजुक-सा चाँद
उचक कर
आकाश की बाँहों में
झूल गया है
झील का शान्त पानी
चाँद के प्रतिबिम्ब को
आगोश में लेने को आतुर है
जीवन भी तो और कुछ नहीं,
परछाइयां है...
एक उगती हुई सुबह
एक डूबता हुआ सूरज
एक खिलती हुई कली
एक मुर्झाता हुआ फूल

# खामोशी और प्रगति का देश—जापान

'नारिता' हवाई अड्डे पर कदम रखते ही लगा, फूलों के देश में आ पहुँचे हैं। हवाई अड्डे पर ही एक छोटा-सा खुशनुमा ताज़े फूलों का झुरमुट तैयार किया गया था, जो सारे मशीनी वातावरण में भी जीवन्त था, ताज़गी बिखेरता हुआ।

एक बड़ी-सी बस प्रतीक्षा में खड़ी थी। बस चालक ने अपने जूते उतारे, उन्हें एक खास कपड़े में लपेटा और एक विशेष स्थान पर रखी चप्पलों को निकालकर पहन लिया। चाहिए तो हमें भी था कि वैसा ही करते परन्तु सूटकेस में रखी चप्पलों को खोज निकालना उतना आसान नहीं था। हमारा सफर आरम्भ हुआ परन्तु बस के टेप रिकॉर्डर पर बजते संगीत की भाषा हमारी समझ के बाहर थी। अतः अपने झोले से हिन्दी के कुछ टेप चालक को पकड़ा दिये। माहौल में अपनापन धीरे-धीरे उस स्वर लहरी में उतरने लगा।

उत्सुकता से आँखें बाहर को देख रही थीं, बचपन का पढ़ा इतिहास, भूगोल, कितना कुछ, अन्दर से झाँक रहा था। जापान सूर्योदय का देश है। बड़े ही खूबसूरत क्रिसेन्थमम या गुलदाउदी फूलों का देश है, फूल सजाने की पद्धति 'इकेबाना' का देश है। और अब संसार का सबसे महँगा, सबसे अमीर देश है, प्रगतिशील देश है, गतिमयता का देश है—परन्तु यह क्या? सपनों और सच के बीच एक विशालकाय, कठोर, ऊँची, लोहे की दीवार अकड़ कर खड़ी हो गई, जैसे कोई सशक्त प्रहरी हाथ बाँधे खड़ा हो। मीलों-मील और कुछ नहीं, बस लोहा ही लोहा, आत्मीयता का ऊष्माविहीन लोहा, पर आकुल अधीरातुर मन का कोई क्या करे? बस, डायरी के पन्नों पर कलम चल निकली—

*बस में भारतीय संगीत*
*और दूर तक*

*दीवारों में छुपा जापान*
*मन का नियन्त्रण*
*बेचैन उस लौह दीवार से सटकर,*
*उचककर, पीछे तक झाँक लेना*
*चाहता है*
*लौह परिधि के उस पार*
*मेरी चाहत की धरती*
*सपनों के धुँधलके में*
*उजागर हो*
*जाग जाने पर वो बुलाहट*
*मुखर हो समूचे वातावरण में*
*दीप्त किरण सी सरसराती थी*
*लो, आज मैं उसी दृश्य की*
*बुलाहट की ध्वनियों पर तैरती*
*आ पहुँची हूँ...*
*विश्वासों के धुँधले सेतु से बँधे*
*बहुत से मनोहर विचार*
*तुम्हारे लिए जोड़े हैं–*
*ओ मेरे सपनों के देश*
*तुम्हारे आमन्त्रण की पकड़*
*सपनों से वाष्पीभूत हो जागृति तक*
*उठ आई है...लो, मैं हूँ न यहाँ,*
*तुम्हारे निकट, तुम्हारे पास*
*तुम्हें छूने, तुम्हें महसूस करने को,*
*ओ मेरी कल्पनाओं के चित्र*
*अपनी सत्यता से मुझे आलोड़ित कर दो*

झटके से बस रुकती है, संगीत ठहर जाता है और सामने कल्पनाओं को झुठलाता सामान्य-सा एक शहर रेत-गारे-पत्थरों के जंगल को आँचल में सहेजे हाथ फैलाये खड़ा है। शहर के बीच में चुपचाप बहती 'सुमिदा' नदी भी कल्पनाओं का

सेतु नहीं बनती, उसकी आवाज़ कोई भी नया ध्वनि-चित्र नहीं रचती, मैंने तो कैसे-कैसे पारदर्शी व्यंजन उत्पन्न करने के विचार संजोये थे, इन फैली हथेलियों पर बहुत-सी अनगिनत दोस्तियाँ, मित्रताएँ रखनी थीं। मैं अपने को सहेजती हूँ, इस दृश्य को मुझे सम्पूर्ण बनाना है, इसकी वस्तुगत सच्चाई से उस सच्चाई को खोज निकालना है जो मुझे बचपन से अब तक एक आन्तरिक आग्रह से भरती रही थी।

टोकियो शहर में घूम लेने से ही मन की गर्द बहुत कुछ साफ़ होने लगती है। जापान की एक विशेषता है कि जहाँ वह एक ओर बहुत आधुनिक है, वहीं दूसरी ओर अपनी पुरानी परम्पराओं और ऐतिहासिकता को भी समानता से जीता है। जापान की एक विशेष सांस्कृतिक परम्परा है जिसके विषय में विश्व अधिक नहीं जानता। जापानियों का अपना धर्म 'शिन्तो' है। परन्तु महायान बौद्ध धर्म भी सारे देश में प्रचलित है। इसके बड़े ही विशाल मन्दिर हैं और मूर्तियाँ भी संसार की सबसे बड़ी मूर्तियों में गिनी जाती हैं। नारा की 'दायबुत्स' मूर्ति बैठी हुई भव्य मुद्रा में ध्यानमग्न। यह प्रतिमा 54 फीट ऊँची है, इसकी आँखें चार फुट लम्बी हैं। यह समूची कांसे की बनी है, पहले इस पर सोना चढ़ा था। पुरानी सभी पुस्तकें स्क्रौल के रूप में हैं—एक लिपटी हुई संस्कृति जिसमें अक्षर ऊपर से नीचे लिखे जाते हैं और पृष्ठ दायें से बायीं ओर खुलते हैं। यही नहीं, जापानी लिपि के अक्षर भी तो कलात्मक हैं—गढ़े हुए जैसे उनके लिखने में पूरी ज्यामिति का व्यय हुआ, हो। 'त्सुकी' यानी चाँद, 'एइकुची' यानी मुँह, नदी के लिए IIISSS 'कावा'। ये शब्द, शब्द न होकर चित्र हैं। जापान के निवासी प्रकृति के प्रेमी हैं, वह जहाँ तक हो सकता है, प्राकृतिक सौन्दर्य की मध्यस्थता में घर बनाकर रहते हैं, बदलती हुई ऋतुओं में उनका समय-बोध समाया होता है। जापान में जीवन को प्रकृति ही नहीं, कला के भी निकट रखकर जिया जाता है। जापानियों की कलात्मकता मात्र मन्दिरों में, खाने के पात्रों तक ही सीमित नहीं, चाय पीने जैसी साधारण प्रक्रिया तक फैल आती है। चाय पीना जापान में उतनी ही बड़ी कला है जितनी 'इकेबाना' पद्धति से गुलदस्ते में फूल सजाना, या किसी कलाकृति की रचना करना।

चाय शिष्टाचार या 'टी सैरेमनी' में कितने ही तत्व प्रयुक्त होते हैं—चाय के बाग, चाय की नफासत, चायघरों का विशेष रूप, 'आर्कीटेक्चर', चाय के पात्रों के कलात्मक रूप, मिट्टी से गढ़ा सौन्दर्य—एक समूचेपन की अखंडता की संधिरेखा। सन् 1552 में 'सेन-नो-रिक्यो' ने चाय-शिष्टाचार का पहला स्कूल आरम्भ किया

था जो आज भी वैसा ही कायम है। रिक्यो ने चायकला को सादगी की सीमारेखा से उठाकर जापानी सभ्यता का एक अंग बना दिया, यही नहीं, चाय पीने के प्याले का भी रूप निर्धारित किया। प्याले बनाने की सिरेमिक पद्धति को भी एक नया आयाम मिला। आज भी वे प्याले और अन्य सिरेमिक पात्र 'राकू-वेअर' के नाम से प्रसिद्ध हैं, जो हाथ से बनते हैं और बहुत हल्के होते हैं। छोटे-से चायघर की सादी-सी 'तातामी-चटाई' पर बैठकर, काले रंग के गोल प्यालों में चाय पीते हुए अचानक अनुभव होता है कि शाश्वतता यही हो सकती है। यही तो है अनन्तता, लौकिक से पारलौकिकता तक बहती हुई।

सच तो यह है कि हम चाहे किसी स्थान या जाति-विशेष के हों, इस सत्य पर अवश्य विश्वास करते हैं कि फूलों का सौन्दर्य, रचयिता के हाथों के सौन्दर्य का प्रतीक है। प्रकृति जीवन के दुःखद क्षणों में अपनी कोमलता से सुखद अनुभूतियाँ भर देती है, शायद इसीलिए 'किसी भी वस्तु से प्रेम' जैसी भावना के तहत जापान के हर शहर में एक फ्लावर-क्लब है। जापानियों का विचार है कि फूलों की सज्जा द्वारा पूरा दिन जीने-योग्य हो जाता है। जैसे चाय कला को प्रोत्साहन मिला और वह थकान के क्षणों में जीवन में प्रवेश कर उसका एक मुख्य अंग बन गई, वैसे ही 'इकेबाना' घर की सज्जा में मनुष्य को जीवन के नये अर्थ पकड़ाती है। इसीलिए 'इकेबाना' के सजे फूलों तथा सूखी टहनियों को 'स्वर्ग', 'मनुष्य' और 'धरती' कहकर सम्बोधित किया जाता है। 'इकेबाना' का अर्थ है जीवित पुष्प और उसके साथ सजे हुए सूखे पत्तों आदि को जीवन की उलझन का प्रतीक मानते हैं। जापान में यह कला बहुत सम्मान प्राप्त कर चुकी है और उसका प्रचार भी बहुत है। इस कला पर साहित्य भी लिखा गया है। जापानी कवि 'इस्सा' का यह एक हाइकू (छोटी कविता) मुझे प्रभावित करता है।

*खिले हुए चैरी फूलों के नीचे*
*अजनबी भी*
*अपरिचित नहीं रहते*

जापान के सारे के सारे आधुनिक शहर प्रायः पूरी रात जागते हैं। टोकियो में 'ग़िंजा' की चहल-पहल मात्र बाज़ार की ही नहीं है, यहाँ के दफ़्तर भी पूरी रात बत्तियों से जगमगाते हैं, जैसे पूरा शहर आँखें खोलकर सो रहा है। जापान में एक बहुत उपयुक्त कहावत है, 'टाइम, प्लेस, ऑकेज़न' 'समय, स्थान और अवसर'—हर

वस्तु का एक मौसम ही नहीं उपयोगिता भी अनिवार्य है और उसका एक निश्चित स्थल भी है। जापानी परम्परा में किसी भी वस्तु के औचित्य या उपयोगिता के प्रति एक विशेष दिलचस्पी दिखाई जाती है। वे सभी जापानी जो बहुत अधिक आधुनिक नहीं हैं, जब भी कपड़े बदलते हैं, उन्हें एक खास तरीके से एक कागज़-विशेष में लपेटकर रखते हैं। यह उनके वास्तविक जीवन की रहस्यात्मकता नहीं, एक विद्या है एक साधारण कंघी को लपेटना, 'किमोनो' वस्त्रों या चाय के पात्र के लपेटने से भिन्न होता है और उस कागज़ की मोटाई भी अलग होती है।

परन्तु आश्चर्य, यह लपेटना-ढँकना अब शरीर के वस्त्रों पर लागू नहीं होता। जहाँ तक पुरुषों का सवाल है, वह बड़े फार्मल पाश्चात्य, सूट पहने, टाई बाँधे या बन्द गले की कमीज़ पर टाई बाँधे नज़र आयेंगे। टैक्सी से उतरते-चढ़ते खास अन्दाज़ से झुककर आपको आदर के एक ऊँचे शिखर तक पहुँचा देते हैं। यहाँ की स्त्रियाँ भी अब 'किमोनो' नहीं पहनतीं, 'किमोनो' मात्र शादी-ब्याह में पहनने का वस्त्र रह गया है—शायद इसलिए भी कि परम्परागत बने सुन्दर 'किमोनो' इतने ज़्यादा कीमती हैं कि उन्हें मात्र स्पर्श कर पाना भी आम आदमी के सामर्थ्य की बात नहीं है। विवाह के अवसर पर अधिकतर उधार लिये 'किमोनो' ही दुल्हन का आत्मपरक शृंगार बनते हैं।

शहर से बाहर कस्बाई होते हुए सबर्ब (उपनगर) में थोड़ा बहुत जापान का पुराना रूप झलकता है—छोटे-छोटे घर, जिनके बाहर बौना किये 'बौन्साई-वृक्ष' तराश कर बने रूपों में ढाले गये हैं। सभी कुछ तस्वीर-जैसा सुन्दर और व्यवस्थित लगता है। एक घर के दरवाज़े पर लटका चपटी नाक, मोटा, गलगोथना-सा एक बच्चा कुछ गा रहा था। संगीत और काव्य अनेक जीवन-कथ्यों को उद्घाटित करते हैं। अतः मैं भी जानने को उत्सुक हुई कि वह क्या गुनगुना रहा है—

*आजायाकाना मिदोरियो*
*आकारूई मिदोरियो*
*तोरी ओ सूतसूती*
*वारायो काकुशी*
*आओरू काओरू*
*वाकाबा गा काओरू*

*"यह क्या गा रहा है?" मैंने अपनी दुभाषिया से पूछा।*

*"वसन्त ऋतु की नर्सरी राइम है,"* उसने कहा।

"इसका अर्थ क्या है?"

"कुछ भी नहीं, जैसे '-बा-बा ब्लैक शीप' का कोई अर्थ नहीं होता।"

पर 'मछली है जल की रानी' का अर्थ होता है—मेरे मन ने सोचा, परन्तु तब तक घर की महिला बाहर आ गई, आम औसत घरेलू-सी साधारण-सा फ्रॉक पहने। भावविहीन उस चेहरे पर कोई प्रसाधन भी नहीं था। हमें देखकर बस केवल ठिठकी, भारतीय महिलाएँ उसके दरवाज़े पर उसके बच्चे की तोतली बोली सुनने को रुकी थीं। महिला ने हमारी दुभाषिया से प्रश्न किये, हम कहाँ से और क्यों आये हैं? अथवा हमारी साड़ियाँ बहुत सुन्दर हैं। हमें लगा, मित्रता ताने-बाने बुन रही है। व्यक्तिगत अनुभूतियाँ कौतूहल का रूप ले रही थीं, हमने बहुत चाहा कि वो हमें अपने घर में आमन्त्रित कर ले, चाय पिलाए और ढेर-सी बातें करे, उसके साथ हम वास्तविक जापानी जीवन पद्धति की एक झलक देख लें—पर उसने हमें अपने घर के भीतर आने को नहीं कहा, बहुत झाँकने पर जो कमरा दीख पड़ा वह साधारण था, मात्र चटाई से ढँका, फर्नीचरविहीन, खाली।

इससे पहले कि हम बुरा मानते, हमारी दुभाषिया ने बताया कि यहाँ आमतौर पर मध्यमवर्गीय परिवार घर में किसी को आमन्त्रित नहीं करते। घर के द्वार पर खड़े होकर मित्र आपस में घंटों बाते कर लेते हैं पर किसी को कोई भी घर के भीतर नहीं बुलाता। यहाँ जीवन बहुत-सी आर्थिक कठिनाइयों में बीतता है, साधारण व्यक्ति ही नहीं, बड़े उद्योगपति या सरकारी ओहदेदारों, अफ़सरों को पूरे सप्ताह और रात देर तक काम करना होता है। बहुत बार ये लोग महीनों घर नहीं जा पाते, इनका खाना-पीना-सोना दफ़्तरों के रेस्तराँ या दफ़्तर के 'रेस्ट-रूम' में होता है। तभी तो सारी रात शहरों की बहुमंज़िला इमारतों में प्रकाश दमकता है। शायद यही जापानियों की जी-तोड़ मेहनत करने की आदत पूरे जापान की प्रगति का मुख्य कारण है।

जहाँ यह प्रगति एक ओर देश के गौरवान्वित और उन्नतिशील होने का प्रतीक है, वहीं दूसरी ओर उनका यह व्यवहार जापानी स्त्रियों और बच्चों में असुरक्षा और अकेलेपन के बीज बोता है जो एक भयानक रूप में पनपता है और जिसके तहत जापान में महिलाओं और कम उम्र के बच्चों की मानसिकता में आत्महत्या की भावना संसार की अन्य महिलाओं व बच्चों से अधिक पनपती है। कौन सोच सकता

है मान्यताओं और कठोर परिश्रम के बाद हाथ क्या लगेगा? अथाह प्रगति के साथ एक पीड़ादायक अन्त।

निक्यों में हमें 'तोशोगू' मन्दिर तक जाना था। पहाड़ के कटावदार रास्ते से चल पड़े थे। आश्चर्य था, कुछ पहाड़ों की मिट्टी लाल थी, पता चला, ज्वालामुखी के कारण ऐसा हुआ है। छोटे-मोटे ज्वालामुखी यदा-कदा यहाँ फटते ही रहते हैं। पहाड़ों के ठीक नीचे नदी बहती है, लावा रोकने के लिए पहाड़ों के साथ बाँध बाँधे गये हैं। पूरा रास्ता चलने लगता है, जापानी प्रकृति की रहस्यात्मकता के प्रति बहुत संवेदनशील हैं। सारे आस्थास्थल प्रकृति की मध्यस्थता में बने हैं। घने वृक्ष, बहती हुई नदियाँ, पवित्र गुफ़ाएँ जैसे जापानियों के लिए शक्तिबिन्दु हैं, जीवन की तेजस्विता में गुंथे हुए। सभी मन्दिरों के बाहर ढेर सारी चीनी-लालटेनें हैं जिन्हें जापानी 'त्सुरिदोरो' कहते हैं। ये लालटेनें भक्ति-भावना का प्रतीक हैं, इच्छाएँ पूरी हो जाने पर मन्दिर के आगे एक लालटेन गढ़वा देना जापानी भक्ति-परम्परा का एक भाग रहा है, जैसे हम अपनी देव-प्रतिमाओं के शीश पर छत्र लटकवा देते हैं। बहुधा बहुत-सी लालटेनों की कतार के बाद मन्दिर का मुख्य द्वार आता है, बाहरी और भीतरी कक्ष जहाँ भगवान बुद्ध अपनी विशेष मुद्रा में समाधिस्थ हैं।

प्रायः प्रत्येक मन्दिर या पुराने महलों का प्रमुख अंग होता है उनका बगीचा। बगीचा अनेक प्रकार के कलात्मक पेड़ों, फूलों, बोन्साई वृक्षों और लालटेनों, पानी के स्रोतों का मिला-जुला रूप होता है। जलकुण्डों पर बने अर्द्धगोलाकार पुल विशेष रूप से जापानी बागवानी सज्जा का एक भाग होते हैं। ऐसा लगता है, जैसे अपनी मान्यताओं, विश्वासों और भक्ति-भावना को मन्दिर तक ही सीमित न करके प्रकृति के साथ जोड़ लेते हैं जापानी-बौद्धिक संसार तथा भावात्मक संसार को प्राकृतिक सौन्दर्य में समाविष्ट करते हुए।

'किंकाकुजी'-क्योतो शहर का स्वर्ण मन्दिर अपने आप में अनूठा है। मन्दिर पर कंगूरे के स्थान पर बैठा है एक सुनहरा सारस जो लम्बी उम्र का प्रतीक है, इसीलिए कि सारस की उम्र 5,000 वर्ष से भी अधिक होती है। प्रत्येक मन्दिर के मुख्य द्वार के आगे दो वृक्ष अवश्य आरोपित किये जाते हैं। 'चैरी' जो प्रसन्नता का प्रतीक है और दूसरा पाइन या चीड़ जो अमरत्व का प्रतीक है। जापानियों का विश्वास है कि ये वृक्ष किसी भी धर्म और राज्य की निरन्तरता को बढ़ाने में सहायक सिद्ध होते हैं। 'किंकाकुजी' का सोने का मन्दिर अपने सामने दर्पण-सी फैली झील

में दप-दप प्रतिबिम्बित हो रहा है। अचानक मेरे भीतर कुछ लहरने लगा जैसे पुरानी स्मृतियों के पन्ने पलटे जाने लगे हों।

"सुनो, यह मन्दिर वह तो नहीं जिसको लेकर युकिओ मिशिमा ने *टैम्पिल ऑफ़ द गोल्डन पैविलियन* नामक उपन्यास लिखा था?" मेरे भीतर कुछ होने लगा था जैसे एक कौतूहल सत्य से जुड़ रहा हो। "हाँ, यह वही मन्दिर है"—दुभाषिये ने हैरान होकर मेरी ओर देखा। पूरी भीड़ ने भी मेरी ओर देखा—

"तुम्हें कैसे मालूम हुआ? जापानी जानती हो?"

"मैंने उपन्यास का अंग्रेज़ी अनुवाद पढ़ा है, और भी साहित्य पढ़ा है।" युकियो मिशिमा के चरित्र और साहित्य से सम्प्रेषित रहस्यात्मकता भी तो मुझे जापान की ओर आकर्षित करती रही थी। मैंने कहा—"कितने वर्षों से यह रहस्यात्मकता मुझे जापान की ओर खींच रही थी।"

"सच, पर साहित्य कितने लोग पढ़ते हैं आजकल?"...भीड़ फिर साहित्य की ओर पीठ करके चल पड़ी थी। पर मैं तो वहीं-की-वहीं घिरी रह गई, 'युकिओ-मिशिमा' के उपन्यास के कथानक में। *कनफैशन्स ऑफ़ ए मास्क* जो एक प्रकार से उसकी आत्मकथा थी या फिर *डिके ऑफ़ द एन्जिल* जो उसकी अन्तिम पुस्तक थी।

आपको पता है, मिशिमा में दो प्रकार की अद्भुत बुद्धिमत्ता थी, लेखन की प्रतिभा के साथ 'मार्शल-आर्ट' को भी पूर्ण रूप से वह जानता था। दोनों कलाओं में माहिर। मिशिमा के चरित्र में कुछ था जो उसे सामुराई या सिपाही बनाकर सामने ले आता था। झील में प्रतिबिम्बित मन्दिर का सुनहरा चेहरा जैसे मुझसे वार्तालाप करने लगा था।

यही नहीं कि मिशिमा मात्र लेखक था, उसने फिल्मों में नायक का रोल भी अदा किया, 'सेंट सेबेस्टियन' तथा 'हाचीमाकी' आदि फिल्मों में। कितने आयाम थे उसके चरित्र के—एक ओर उसकी अपनी निज की एक सेना टुकड़ी 'तातेनकाई' जिसका वह नायक रहा और जिसके साथ उसने अपना 'ऑफ़िस हाराकिरी' या आत्महत्या का वास्तविक नाटक रचा था...। मुझे याद है *टाइम्स* पत्रिका में छपा वह चित्र, मिशिमा ने 25 नवम्बर को जनरल के ऑफ़िस में लाल कालीन पर अपनी ही तलवार से अपने पेट पर आड़ा लम्बा वार किया, फिर उसी काटे हुए घाव को दुबारा दूसरी दिशा में काटा और ढेर सारे लाल उबलते खून के साथ उस कालीन

पर ढेर हो गया...उसके अन्तिम शब्द थे 'तेन्नो हेइका बान्जाई—शासक की उम्र लम्बी हो।' इस प्रार्थना के साथ उसने अपने को मात्र पैंतालीस साल की उम्र में समाप्त कर दिया था...अद्भुत रहस्यात्मक मृत्यु।

उसके बाद मिशिमा की 'हाराकिरी' को लेकर पत्र-पत्रिकाओं में कितना कुछ छपा था, उसके असाधारण, उसके बहुआयामी शौक, उसका समलैंगिक होना। प्रेम में 'शिन्जू' प्रक्रिया है, प्रेमी और प्रेमिका दोनों की संयुक्त आत्महत्या की—जैसी हर पद्धति मात्र एक अन्त या निष्कर्ष आत्महत्या ही हो। उसके जीवन के सभी उलझे रहस्य-दृष्टांत वहीं जा जुड़े और उसने एक सिपाही की वीर मृत्यु को एक बहादुर की तरह से जिया था। उसके अन्तिम शब्द जो वह उस दिन अपनी पढ़ने की मेज़ पर छोड़ आया था—"मनुष्य का जीवन एक बिन्दु तक सीमित है परन्तु मैं अनन्त काल तक जीना चाहता हूँ।"

उस झील में मन्दिर के साथ गड्ड-मड्ड हो जाता है 'मिशिमा' का चेहरा पीला, बिखरे बाल, तेजस्वी पर ज्वलंत आँखें दप-दप करके जलती हुईं। माथे पर पट्टा बँधा है—फिर तलवारें, लाल खून सभी कुछ उस झील में खो जाता है। 'मिशिमा' की मुक्ति का मार्ग वही था शायद जिस पर खड़े होकर उसने अपने अदम्य साहस से स्वयं मौत को गले लगाया था। उसकी प्रतिभा के आलोक ने उसके व्यक्तित्व की दुर्बलताओं के, विरोधी मान्यताओं के तिमिर को काट डाला था और वह जैसे आज भी साँस ले रहा है यहाँ इस मन्दिर में, इसी झील में।

सुनहरे मन्दिर के स्वर्ण-मृग की मरीचिका से खींच ले जाते हैं मुझे मेरे मित्र, परन्तु मैं उस रोमांचक परन्तु रूमानी स्वप्न भंग द्वारा जनित अनिश्चय से भरी रह जाती हूँ। धीरे-धीरे खुली आँखों का वह सपना धुँधलाने लगता है, न चाहते हुए भी स्थितियों से उबरना तो पड़ता है। शायद इस कारण भी वास्तविकता में लौटना था क्योंकि हमारे मित्र हमें एक परम्परागत जापानी रेस्तराँ में रात के भोजन के लिए आमन्त्रित कर चुके थे। इस स्थल का नाम है 'हप्पो-इन'—रेस्तराँ के मुख्य द्वार के बायीं ओर है एक छोटी-सी झील, जिसके तट पर एक मन्दिर-सा है, एक दो सौ साल पुरानी बोन्साई है जिसके आगे स्लेटी पत्थर में तराशी एक बुद्ध प्रतिमा है। पगोडानुमा मुख्य रेस्तराँ भी बहुत पुराना है जो पहले कभी मात्र चाय शिष्टाचार के लिए प्रयुक्त होता था। इसके बड़े हॉल को 'हाकूहोकान' कहते हैं।

दरवाज़े पर दो गीशा लड़कियाँ (विशेष प्रकार की नर्तकियाँ) हमारा स्वागत करती हैं। घुटनों के भार बैठकर झुकती हैं, उठती हैं, स्वागत के शब्द उच्चारती हैं, इतना मान-सम्मान देती हैं कि लगता है, यहाँ मात्र खाना ही नहीं, प्यार और सम्मान भी परोसा जायेगा। चप्पल-जूते उतार कर हम भीतर जाते हैं। समूची सज्जा बहुत-सादगीपूर्ण और स्वच्छ है। कमरे में विशेष फर्नीचर भी नहीं है, बस मात्र एक नीची मेज़ फ़र्श पर बिछी चटाई पर लगी है जिसके चारों ओर बैठने के लिए गद्दियाँ डाल दी गई हैं। लम्बी दीवार के एक कोने में एकमात्र फूलसज्जा 'इकेबाना' पद्धति से की गई है। लकड़ी का सादा साफ़ फ़र्श आमन्त्रण की चमक से भरा है, सभी कुछ जैसे सादगी में लिपटा है। जापान में हर बार हर स्थल पर मुझे एक ही अनुभूति हुई। सादगी में भी कितना सौन्दर्य है—स्वच्छ, अछूता, शान्त और अदृश्य, जो दिखता नहीं है, परन्तु अपनी अदृश्यता की उँगलियों से भीतर कुछ उकेरता है। मैं चुपचाप उसी सिहरन को अपने भीतर उतरने दे रही हूँ। हमारे मित्र चुप्पी की उस लहर को छू देते हैं, विचार लहर-लहर फैल जाते हैं।

''आपको यहाँ बहुत-सादा लग रहा होगा, हालाँकि यह यहाँ का बहुत पॉश रेस्तराँ है। असल में हम जापानी बाहर की वस्तुओं और आडम्बर को बहुत अहमियत नहीं देते। शायद इसलिए कि हम अपने विचारों को अपने तक रखना चाहते हैं, हम बाहर की वस्तुओं के आकर्षण से न बँधकर, अपने अस्तित्व से जुड़कर ही जीने में विश्वास करते हैं। असल में ये वस्तुएँ जोड़ती कम हैं, बँटवारा अधिक करती हैं जैसे कि जो कीमती साजो-सामान रख सकता है वह अमीर और जो नहीं रख सकता वह मध्यमवर्गीय या गरीब माना जाता है—ऐसा बँटवारा यहाँ नहीं है।''

भौतिक वस्तुओं के प्रति अनासक्ति का कैसा सरल प्रयास था—हमारे मित्र टोकियो की एक बहुमंज़िला इमारत बनाने वाली एक मशहूर कम्पनी के प्रेज़िडेन्ट हैं। इतने समृद्ध, देश-विदेश में पर्यटन करने वाले व्यक्ति के साथ बैठने का मेरा पहला अवसर नहीं था। हमारे मित्र बता रहे थे कि उनकी हॉबी है कि अवकाश के दिनों में वह जापान के किसी-न-किसी बौद्ध मन्दिर में जाते हैं, नंगे पैर घूमते हैं और उन क्षणों में अपनी कामकाजी व्यस्तताओं को भूलकर मात्र भगवान बुद्ध और उनके प्रचारित जीवन-दर्शन पर ही विचार करते हैं। उन्हें लगता है, उनकी हर इमारत, हर कार्यजन्य उपलब्धि और कुछ नहीं, भगवान बुद्ध के चरणों में चढ़ाया एक श्रद्धा-सुमन है। ''मेरे लिए पूरा व्यवसाय एक प्रार्थना जैसा सच है।''

मैं आश्चर्य से उन्हें देखती रही—इस आधुनिक युग में ऐसी सोच?

"आपको पता है, यही हमारी धार्मिक पुस्तक *गीता* ज्ञान है—भारतीय दर्शन भी इसे कर्मयोग कहता है।" कुछ देर भगवान बुद्ध का शून्यवाद और गीता का कर्मयोग चर्चा का विषय बना रहा। बीच-बीच में जलपान चलता रहा। पता चला, खाने की एक बहुत खूबसूरत वस्तु का नाम था 'वागाशी'। 'वागाशी' का रूप-रंग या अन्य बहुत से खाद्य पदार्थों का रूप-रंग प्रकृति के साथ जुड़ा था। बदलते हुए मौसम के साथ उसकी सज्जा और रूप-रंग भी बदल जाता था। प्रस्तुत किया गया भोजन खाना कम, कलात्मक रचना अधिक लगता था। खाने के सभी पात्र सुन्दर थे, सुरुचि के आंके हुए। एक अनुभव जो मैंने शायद ही कभी जिया था। अनुभवातीत एक संध्या।

हमारी दूसरी मित्र टोकियो की जानी-मानी वकील हैं। अपने व्यवसाय में विशेष रूप से महिलाओं की सामाजिक स्थिति पर काम किया है। जापान में 1945 के युद्ध के पहले और बाद में भी प्रायः सभी महिलाएँ एक तराशी, तयशुदा जीवन-राह पर पैर रखकर चलती थीं, परन्तु युद्ध के बाद अकेले हो जाने की मजबूरी ने उनकी कर्मठता को जागृत किया और वे कर्मक्षेत्र में कमर कसकर उतर आईं, परन्तु जीवन-मूल्य वही रहे, विश्वास पुराने ही रहे। हमारी मित्र बता रही थीं कि हमारे देश में दुर्बल और सताई हुई स्त्रियों का युग समाप्त हो गया है। हमारी 'स्लीपिंग ब्यूटी' अब जाग उठी है। जापान में तेज़ी से महिलाओं की सामाजिक स्थिति पर वार्तालाप आरम्भ हो चुका है। मैं उन्हें यह समझा रही हूँ कि विवाह-जैसी व्यवस्था में विश्वास अगर करती हो तो विवाह करो अन्यथा नहीं। एक बात और, विवाह के बाद अपना नाम नहीं बदलो, जो है वही रहने दो, तुम अपने अस्तित्व पर पति की अस्मिता को हावी मत होने दो, इस परिवर्तन को जीवन का आधार मत मानो। उसके स्वर में आत्मसम्मान था।

बातों-बातों में पता चला, हमारी मित्र ने जापानी शब्दावली में एक नया शब्द जोड़ा है—'सेकूहारा,' जिसका अर्थ है लैंगिक-उत्पीड़न। यह शब्द पहले जापान की धार्मिक व्यवस्था में कभी था ही नहीं। हमारी मित्र का अपना जीवन-दर्शन ही नहीं, जीवन भी विसंगतियों से भरा था। वह अनब्याही माँ थी और अपनी चार वर्षीय बेटी के साथ गर्व से सिर उठाकर जी रही थी। अपूर्व था उसका आत्मविश्वास, जिसे वह, अपने जीवन द्वारा जापान की आधुनिक व्यवस्था की धमनियों में उतार देना चाहती थी।

हम सब पूरे चार-पाँच घंटे तक अभूतपूर्व अनुभव में घिरे बैठे रहे, विविधताओं से भरे पल थे ये। गीशा महिलाओं का आतिथ्य, भोजन की सजावट और मित्रों से पाया जापान का यह रूप। सभी कुछ कौतूहल के अनेक पर्दे मन पर डाल रहा था, उठा रहा था।

'कामाकुरा' के बारे में कुछ न कहना अनुचित होगा। जापान का पुराना शहर है कामाकुरा। सन् 1192-1338 तक यह शहर जापान की पहली 'शोगुन-सरकार' का कार्यस्थल था। आज यह मात्र अपनी विशालकाय बौद्ध प्रतिमा का स्थल है। यह प्रतिमा 38 फीट ऊँची है, 500 टन ब्रॉन्ज़ धातु से बनी है। ईश्वर की विशालता के निकट अपने अस्तित्व के बौनेपन को यहाँ खड़े होकर महसूस किया जा सकता है। इस बौद्ध प्रतिमा के चेहरे पर आवेशरहित शान्ति का मनोभाव है जिसे एक बार देख लेने पर भूला नहीं जा सकता। यहाँ बैठे-बैठे मेरे होंठ बुदबुदाते हैं—

*मेरे कदम बस दो हैं*
*साथ और कोई नहीं*
*अकेले हाथ बाँधे खड़ी हूँ*
*आत्मीयता के पलों में*
*कोई भी तो साथ नहीं होता*
*भीड़ और उसकी अय्याशियाँ*
*अपनी नहीं होतीं*
*पता नहीं यहाँ बैठ*
*हे तथागत,*
*ऐसा क्यों लग रहा है*
*कि मैं*
*सिर्फ़ मैं रह गई हूँ*
*ठहरे हुए ये पल*
*उधार के नहीं*
*सोच के हैं*
*हाथों में थमाए नहीं*
*जिये हैं... मैंने*
*कल्पना के आवरण उतार*

धरती पर उतर
मुझे लपेटते हैं
हे तथागत?
तुम मुझे
इसी पल में खड़ा रह जाने दो
अपने सत्य और महानता
के निकट
मेरे माथे को
झुका रह जाने दो
क्योंकि मैं अपने से तुम तक-
और तुम से अपने तक
आये, इस पल की
गरिमा को
अपने अस्तित्व में
समो लेना
चाहती हूँ-
मैं...

# विभिन्नताओं का शहर–जेरूसलम

'इज़राइल' विश्व के मानचित्र पर एक ऐसा नन्हा-सा देश है जहाँ विभिन्न प्रकार का प्राकृतिक सौन्दर्य ही नहीं, विभिन्न मान्यताओं और भक्ति धाराओं का मिश्रित रूप किसी भी पर्यटक को आश्चर्य से भर देता है। यही नहीं, इसके परिवेश में बहुतायत से विजातीय जनसंख्या समाई हुई है। यह वह स्थल है जहाँ पूर्व और पश्चिम, अतीत और वर्तमान, पुरातन और नवीन एक-दूसरे से गले मिलते हैं। शायद विश्व में यही एक ऐसा स्थान है जहाँ सैद्धान्तिक विचारधाराएँ मनुष्य की चेतना और जीवन-पद्धति में परिवर्तन ले आने में सफल हो गई हैं।

यहाँ चार हज़ार साल पुरानी 'ज्यू' या यहूदी कुल परम्परा आज भी कायम है जो जियोनिज़्म को मानती है। इसके साथ यहाँ 'निर्वासन का इतिहास' बताता है कि लगभग चार सहस्राब्दियों से आज तक की सांस्कृतिक उपलब्धियाँ इस बात की गवाह हैं कि यह देश सभी योगदान देने वाली सभ्यताओं और जातियों की अभिन्नता को बरकरार रखता हुआ अपने आप में एक भिन्न प्रकार की एकात्मता या व्यक्तित्व संजोये हुए है। इसकी परम्पराएँ भी व्यक्ति और समाज की विभिन्नताओं के विरोध या सहयोग का परिणाम हैं। इज़राइल में आने वाले हरेक यात्री को यहाँ आते ही एक अजीब-सा अनुभव होता है। उसे लगता है जैसे वह एक ऐसे देश में आ पहुँचा है जहाँ हर कोई नहीं आ पाता—अवश्य ही आगन्तुक अपने को उन भिन्न लोगों की श्रेणी में खड़ा पाता है, जो भाग्यवश या संयोगवश यहाँ आ गये हैं। कुछ पर्यटक अपनी आदर्शवादी विचारधारा से प्रेरित होकर यहाँ आये हैं क्योंकि इज़राइल की धरती एक स्वप्न के चरितार्थ होने की उपलब्धि से कम महत्त्वपूर्ण नहीं है।

*बाइबिल* के 'जेनसिस, 15-18' में लिखा है कि भगवान संत अब्राहम ने

कहा कि लो, मैं तुम्हें यह अद्भुत धरती सौंप रहा हूँ, यह धरती इज़राइल के वंशधरों की पैतृक सम्पत्ति मानी जायेगी। मूसा के मिस्र से 'एक्सोडस' के बाद 'जोशुआ' ने यहाँ राज्य किया था। उसके बाद से यह धरती शक्तिशाली 'हीब्रू' या यहूदी राज्य के रूप में पनपती चली गई। 'डेविड' और 'सोलोमन' जैसे शासकों ने राज्य को और अधिक शक्तिशाली बनाया। इज़राइल भगवान ईसा मसीह का जन्मस्थल ही नहीं, तीन महान एकेश्वरवादी धर्मों का पुण्यस्थल भी है : यहूदी, ईसाई और इस्लाम। *बाइबिल* जैसे महान ग्रंथ की रचना भी इसी धरती पर हुई। जहाँ तक इतिहास बता पाते हैं, इज़राइल 33 सदियों पुराना शहर है और इसको आरम्भ में 'फिलिस्तीन' कहकर पुकारा जाता था।

इज़राइल जाने पर मुख्यतया दो शहर ही हैं जिन्हें देखने की इच्छा होती है। 'तेल-अविव' और जेरूसलम'। 'तेल-अविव' समुद्र के किनारे अन्तरराष्ट्रीय स्तर का आधुनिक शहर है जो यहाँ के अन्तरराष्ट्रीय उद्योग का केन्द्र है और जेरूसलम यहाँ का धार्मिक केन्द्र है। दोनों स्थानों में सांस्कृतिक भिन्नता है। कहते हैं, 'तेल-अविव' रेत की नींव पर बसा हुआ है। 'तेल-अविव' में अधिकतर आज के आधुनिक नागरिक निवास करते हैं, वे धार्मिक और राजनैतिक रूढ़िवादिता पर विश्वास नहीं करते।

दूसरी ओर जेरूसलम अपनी बाँहों में तीन धर्मों को समेट कर बैठा है। इतिहास के पन्नों में देखें तो इसका पुराना नाम 'जेवस' है, परन्तु जब इसे 'पैगम्बर दाऊद' ने अख्तियार किया था तब उन्हीं दिनों यहूदी रब्बियों ने 'हज़रत-अब्राहम' से ताल्लुक जोड़ा। 'मौर्रिख' या तारीख लिखने वाले इसके 'ज़ेबुसलाम' नाम का ज़िक्र भी करते हैं जो मिलाकर या बिगड़कर जेरूसलम बन गया। लेकिन उस समय के मुसलमानों ने इसे हमेशा "बैतूल मुकद्दस" के नाम से पुकारा और 'मक्का' के बाद इसे ही अपना सबसे बड़ा तीर्थ माना। जेरूसलम के बहुत से नाम बदले पर उन सबका अर्थ सुनहरी शहर या 'सिटी ऑफ़ पीस' ही बना रहा।

इतिहास गवाह है कि इज़राइल पर कभी मिस्र, कभी बेबीलोन, ग्रीस, रोम और अरब आदि राज्यों ने आक्रमण किये। क्रूसेडर्स, मामलुक और तुर्क, फिर ब्रिटिश आदि जातियों के लोग भी यहाँ अपनी सत्ता स्थापित करने में सक्रिय रहे। फिर भी यहूदी जाति यहाँ अपनी जड़ें जमाये दृढ़ता से स्थापित रही, उसके लिए यह वह धरती ही नहीं थी, जिसे उसने विरासत में पाया था, यह उसके लिए देवस्थल

भी था जो उसे भक्तिभाव से उद्वेलित किये रहता है।

*बाइबिल* से बढ़कर और कोई पुस्तक नहीं है जो इज़राइल के इतिहास की गवाह बन सके। बाइबिल के हर पन्ने पर इज़राइल के पवित्र शहर जेरूसलम के उतार-चढ़ाव की अनके गाथाएँ लिखी मिलती हैं। "दस सेथ द गॉड, दिस इज़ जेरूसलम, आई हैव सेट इन दी" (भगवान ने कहा, "यह जेरूसलम है, मैं यहीं निवास करता हूँ) और इसी प्रेरणा से हर ईसाई जेरूसलम को यह कहकर याद करता है—"अगर मैं तुम्हें भूल जाऊं, ए जेरूसलम, तो मेरे दायें हाथ को चाहिए कि मुझे भूल जाये।" जेरूसलम दुनिया का एकमात्र ऐसा शहर है जहाँ तीन धार्मिक विश्वासों से प्रेरित श्रद्धालुजन अपना माथा टेकने आते हैं। हम भी उसी भावना से प्रेरित हैं, तो चलें, पहले यहूदियों की टोली के साथ निकलते हैं।

हमारी गाइड बता रही है कि डेविड नाम के शासक ने 'कावेनेन्ट' की स्वर्ण मंजूषा के घर के रूप में यहाँ एक भवन बनाना आरम्भ किया—यह एक बड़ा-सा लकड़ी का बक्स था जिसमें हज़रत मूसा द्वारा ईश्वर से किये गये करार और धार्मिक नियमावली की प्रतियाँ सुरक्षित रखी हुई थीं। यहूदियों की बारह जातियों ने मिलकर इस भवन का निर्माण किया। डेविड के बाद उसके पुत्र सोलोमन ने यहाँ (972 से 923 ई.पू. तक) राज किया और अपनी शक्ति और महानता के अनुरूप एक और बड़ा-सा भवन निर्मित किया। *बाइबिल* के अनुसार यह वह स्थल है जहाँ अब्राहम ने ईराक की बलि चढ़ाने की व्यवस्था की थी।

इतिहास गवाह है कि यदि एक शासक निर्माण करता है तो दूसरा विध्वंस। 597 ई.पू. में 'नेबूचादनेज़र' ने ईश्वर के इस भवन को खंडित ही नहीं किया, यहाँ के सभी बुद्धिजीवी और समृद्ध निवासियों को मृत्यु के घाट उतार दिया। इस विनाश के तहत बहुत से यहूदी 'मेसोपोटामिआ' चले गये परन्तु जब साइनस बेबीलोन का शासक बना तो उसने वहाँ के बन्दी यहूदियों को मुक्त कर दिया। 538 ई. पू. में जेरूसलम पुनः स्थापित हुआ और महान् शासक 'हेरोद', जो रोम का जागीरदार या 'वासल' था, उसने यहाँ एक भव्य पूजास्थल की स्थापना की जो 'एण्टोनिआ सिटाडेल' के नाम से आज भी यहाँ खड़ा है। इस 'सिटाडेल' के लिए विशालकाय चबूतरा या पोडियम बनाया गया और एक गर्भस्थल और शरण-स्थान का निर्माण किया गया।

सभी पवित्र स्थलों को घेरने के लिए बड़े-बड़े पत्थरों की एक सशक्त दीवार

निर्मित की गई थी। यह दीवार तीन सौ या पाँच सौ फीट के विस्तार में फैली हुई थी। पहला आँगन या परकोटा गैर-यहूदियों के लिए था जहाँ बाहर से आने-जाने वाले व्यापारी और भक्तगण आदि आकर कुछ दिन यहाँ रहते थे। दूसरा आँगन केवल यहूदियों के लिए सुरक्षित था, इसका गर्भस्थल बाहरी उपकक्ष के रूप में प्रयुक्त किया जाता था, परन्तु सातवीं शताब्दी में यहाँ के निवासियों को भी राज्य से निष्कासित कर दिया गया जो भाग कर 'डैड-सी' और 'मसादा' में जाकर छुप गये।

'वेलिंग वॉल' हेरोद-निर्मित धर्मस्थल की नींव का भग्नावशेष है। इसकी दरारों में उन बहुत से यहूदियों के आँसू बसे हुए हैं जो उन्होंने अपने पूज्य स्थल के विनष्ट होने पर बहाये थे—चूना पत्थर की यह दीवार पाँच सौ फीट लम्बी और पचास फीट ऊँची है। इतिहास के फड़फड़ाते पन्नों पर यह दीवार यहूदियों के विश्वास के प्रतीक रूप में आज भी भव्यता से खड़ी है। यह दीवार एक प्रकार से उस प्रतिज्ञाबद्ध धरती का वह हिस्सा है जो एक अप्राप्य स्वप्न-सा अधूरा रह गया था और जिसे बहुत समय बाद 1967 में एक युद्ध के दौरान मुक्त करा लिया गया। धार्मिक यहूदी दूर-दूर से यहाँ आते हैं—धार्मिक उत्सवों के समय या अपने जीवन के महत्त्वपूर्ण कार्य आरम्भ करने से पहले। प्रायः सभी दीवार की ओर मुख करके खड़े हो जाते हैं—पुरुषों के सिर पर एक छोटी-सी टोपी होती है जिसे वे 'यामाका' कहते हैं, स्त्रियाँ भी सिर ढँके रहती हैं। यहाँ इस मुद्रा में खड़े होकर सभी अपने नये इरादों का पुनरावलोकन करते हैं, विचार करते हैं या पुस्तकें हाथ में लिये झूम-झूमकर प्रार्थनाएँ करते हैं। उनका विश्वास है कि यहाँ खड़े होकर उन्हें अपने प्रश्नों के उत्तर प्राप्त हो जाते हैं और इस प्रकार यह दीवार उनके जीवन की मार्गदर्शक बन जाती है। इस दीवार के लिए यह भी प्रसिद्ध है, "अनलाइक मैन विद हार्ट्स ऑफ़ स्टोन..., इट इज़ मेड ऑफ़ स्टोन विद हार्ट्स ऑफ मैन" (यह दीवार उन मनुष्यों की तरह नहीं है जिनके हृदय पत्थर के हैं। यह उन पत्थरों से निर्मित है जिनमें हर समय मनुष्य का हृदय जीवन्त है, धड़कता है।)

आइये, अब इस दूसरी टुकड़ी के साथ चलते हैं—यह टुकड़ी ईसाई धर्म को माननेवालों की है। जेरूसलम की गलियों में पैर रखते ही एक अजीब-सा रहस्यात्मक पुरानापन घेर लेता है। *बाइबिल* का परिवेश अक्षरों से उठकर सजीव हो जाता है—'विआ डोलोरोसा' से बाहर आते ही 'लायन गेट' से एक संकरा रास्ता सदियों पुराने शहर की घुमावदार गलियों में हाथ पकड़कर ले चलता है। एक पुरानी मृत्यु पगी गंध,

एक पुराना दृश्य अचानक ही अस्तित्ववान हो उठता है। वर्षों पूर्व भी यहाँ की दुकानों पर सामान ऐसे ही क्रय-विक्रय होता होगा, जैसे आज हो रहा है। सब्ज़ियाँ, फल, सूखे मेवे, कपड़े, 'बकलावा' मिठाइयाँ और नानबाई के तन्दूर में पकती-फूलती 'पीटा' रोटियाँ, कड़ाहियों में तले जाते गोल-गोल 'फलाफल', 'हुसम' आदि की गंध वातावरण को सार्थक बना रही है।

परन्तु मन को उठाकर ले चलता है एक स्वप्निल-सा सत्य—नुकीले पत्थरों की इसी सड़क पर नंगे पाँव अपना सलीब अपने कन्धे पर लादे चले होंगे ईसा मसीह! कैसा होगा वह दिन, वह पल? थककर जहाँ-जहाँ उनके कदम रुके थे, उस स्थान को इतिहासकारों ने चिह्नांकित कर दिया है और उन्हें 'स्टेशन' कहते हैं। ये स्टेशन चौदह हैं, कहीं उनके थके हुए हाथ का निशान है और कहीं दीवार पर उनकी थकी हुई उदास आँखों का चित्र बना हुआ है। सारा सफ़र एक दर्द का सफ़र था—वह टीसता हुआ दर्द जैसे उन मटमैली दीवारों पर आज भी जैसे का तैसा टँगा हुआ है और कहीं-न-कहीं से छूकर हॉण्ट (परेशान) करता है। लगता है वास्तविकता में नहीं, इतिहास के किसी पन्ने पर पैर रखकर चल पड़े हैं—इतना पुरानापन बिखरा है चारों ओर। दीवार के दायीं ओर एक छोटी-सी पहाड़ी है जिसे दसवाँ या ग्यारहवाँ स्टेशन कहते हैं—इसका नाम है 'गलगोथा'। कहते हैं, इस स्थान पर ईसा मसीह के कपड़े उतारे गये, उनके हाथ-पैरों में कीलें ठोकी गई थीं और वहीं वह मृत्यु को प्राप्त हो गये, तो उन्हें स्टेशन चौदह पर ले गये जहाँ उन्हें दफना दिया गया। इस स्थान पर एक गुम्बदाकार इमारत बनी हुई है जिसे 'चेपल ऑफ ऐंजल' कहते हैं। बायें हाथ पर गलगोथा के नीचे से एक चौड़ी सीढ़ी जाती है जो 'सेंट हेलेना ग्रोटो' तक पहुँचती है। इसमें वह गुफ़ा है जहाँ ईसा मसीह की सलीब के भग्नावशेष उपलब्ध हुए थे। पवित्र समाधि के गिरजाघर के मध्य पहाड़ी का एक टुकड़ा है जो वहाँ के एक भूगर्भ में रखा हुआ है। 1969 में एक पुरातत्ववेत्ता को दीवार पर खुदी ये पंक्तियाँ प्राप्त हुईं—''एंड वेन यू सी दिस, योर हार्ट शैल रिजोयस एंड योर बोंस (शैल लॉरिश) लाइक एन हर्ब'' (इसाइयाह 66, 14)

'न्यू टेस्टामेंट' (नवनियम) में बहुत-सी कथाओं और उपमाओं का प्रयोग किया गया है। ऐसा माना जाता है कि ईश्वर मनुष्य से पैरेबल्स में वार्तालाप करता है। पैरेबल्स का शाब्दिक अर्थ है कुछ पास रखना। बहुत से पैरेबल्स हृदय पर गहरा प्रभाव डालते हैं:

ईसा ने कहा उनसे—

*क्या दीपक भीतर इसलिए लाये*
*(कि) उसे बर्तन या पलँग के नीचे रख दें?*
*क्यों उसे दीवार पर नहीं रखते?*
*क्योंकि जो कुछ भी प्रच्छन्न है*
*प्रत्यक्ष होने के लिए है*
*जो कुछ भी गुप्त है*
*प्रकाश में लाने ही के लिए है...*
*यदि कुछ श्रव्य है श्रवण के लिए*
*तो वह सुने—*
*जो सुनते हो उस पर विचार करो ध्यान से*
*जो परिणाम तुम उपयोग करते हो दूसरों के लिए*
*वही परिणाम होगा तुम्हारे लिए*
*उससे कुछ अधिक ही*
*कुछ भी उसके पास है*
*दिया जायेगा और अधिक*
*कुछ भी उसके पास नहीं है तो भी*
*उससे वह भी ले लिया जायेगा*
*जो भी है उसके पास*

जेरूसलम की गलियों में चलते-चलते अनुभव होता है जैसे यह कोई साधारण रास्ता नहीं है। इसके हर पत्थर पर ईसा के थके, दर्द से थरथराते हाथों ने एक इतिहास रचा है—वह दर्द, वह थकावट उन पत्थरों से उठकर साथ चलने लगती है—हर मोड़ पर कुछ नया नयापन पुरानेपन को अनावृत्त करता सम्मोहित करता रहता है। एक और अजूबा यहाँ एक खुले आँगन में पैर रखते ही एक भिन्न प्रकार की जाति के लोगों से मुलाकात होती है—ये लोग हैं श्यामवर्णीय, जो आरमेनिया से ईसा के तीन सौ वर्ष बाद यहाँ आये थे और ईसाइयत को अपना धर्म माना था और तब से यहीं रह रहे हैं। इस प्रांगण में एक पुस्तकालय है और यहीं ईसाई धर्म की शिक्षा और प्रचार का पूरा प्रबन्ध है। यहीं पर वह ऐतिहासिक स्थान है जहाँ ईसा ने अपना

अन्तिम रात्रि भोज ('लास्ट सपर') खाया था। अवस्थायें दो ही हैं जागृत या स्वप्न ...पता नहीं मैं किस अवस्था में हूँ? इतने महत्त्वपूर्ण स्थल का दर्शन....सार्थक सा लगता है जीवन।

'माउण्ट ऑफ़ ओलिव्स' पर स्थित जिस स्थल तक हम आते हैं वह अरब जाति का गाँव माना जाता है। यहाँ पर एक गिरजाघर है जिसके भीतर ईसा मसीह के जीवन से सम्बन्धित अनेक नयनाभिराम तैल-चित्र हैं जो चित्रकार जी. वागारिनी द्वारा चित्रित किये गये थे, संग्रहीत हैं। यहाँ पर एक चबूतरा है जिस पर ईसा का 'जेरूसलम में प्रवेश' का चित्र है–''एंड जीसस वेन ही हैड फाउंड ए यंग ऐस, रोड देयर ओन : एज़ इट इज़ रिटन'' (जॉन 12:14)। गिरजे में एक पत्थर भी है जिस पर ईसा के पैर के चिह्न आज भी अंकित हैं, जो गधे पर चढ़ते समय जाने-अनजाने बन गये थे। इसी माउण्ट ऑफ़ ओलिव्स पर एक भिन्न-सा चर्च नज़र आता है यह सेंट मेरी का रूसी ढंग से बना गिरजा है। इसे एलेक्जेंडर तृतीय ने 1888 में बनवाया था। इसके सुनहरे गुम्बद मॉस्को के मॉस्कोवाइट चर्च से मिलते-जुलते हैं।

ईसा के जीवन से सम्बन्धित सभी गिरजों को 'नारतीरियम' भी कहते हैं और समूची इमारतों के इस पर्वत को 'माउण्ट ऑफ ओलिव्स।' इसी धरती पर तीसरी धर्मधारा वैसी ही बहती है जैसी कि ईसाइयत। सन् 638 में हज़रत मोहम्मद के छः साल बाद जेरूसलम में अरबों का राज्य स्थापित हुआ तो उन्होंने विजयोत्सव मनाये। महान शासक 'उमर द्वितीय' ने शहर में प्रवेश करने पर सबसे पहले चबूतरे के उस कगार के दर्शन करने चाहे जहाँ पर महान शासक सोलोमन और हेरोद की स्मृतियों के अवशेष थे।

'उमर' ने इस स्थान पर इस्लाम धर्म की स्थापना के लिए इमारत बनाने का कार्य आरम्भ किया। इस खूबसूरत इमारत को 'कूवत-सकारा' या 'डोम ऑफ रॉक्स' कहते हैं। इस इमारत के मध्य वह ऐतिहासिक पहाड़ी टुकड़ा है जहाँ 'ईसाक' बलिदान के लिए आया था और इसी पहाड़ी पर पैर रखकर हज़रत मोहम्मद 'रूह और जिस्म' (सशरीर) के साथ जन्नत चले गये थे। इतिहास का एक बहुत पुराना पन्ना फड़फड़ाने लगता है–जी चाहता है जानें कि कैसे कोई सशरीर स्वर्ग जा सकता है? मुसलमानों ने जेरूसलम को 'बैतुल मुकद्दस' के नाम से पुकारा है और हज़रत मोहम्मद की इस स्वर्ग जाने की प्रक्रिया को 'शबे मेराज' बताया है।

पूरा कथानक बस एक रात का है। उस अजीबोग़रीब रात का जब हज़रत मोहम्मद मस्जिद-उल-हाराम (मक्का) से मस्जिद-उल-अखसा (जेरूसलम) के लिए चल पड़े थे। उस समय हज़रत मोहम्मद की उम्र बावन वर्ष की थी। वह हरमे काबा में सो रहे थे कि यकायक एक चमत्कारी जिन्नाती फ़रिश्ते ने उन्हें जगाया। वह अभी आधे सोये आधे जागे थे कि उन्हें वे 'आबे ज़िमज़िम' (पवित्र जल का झरना) के पास ले गया, उनका जिगर चाक किया, धोया, बन्द किया और आबे ज़िम़जिम से नहलाया, फिर सवारी के लिए जो जानवर पेश किया, वह सफ़ेद था। वह जानवर न घोड़ा था न खच्चर, उसका कद छोटा था और चेहरा औरत-जैसा था, जिम्म घोड़े जैसा, जिसका नाम 'बुराक' बताया गया था।

हज़रत मुहम्मद उस 'बुराक' पर सवार हुए और फ़रिश्ते के साथ चल पड़े। पहली मंज़िल 'मदीने' की थी जहाँ उतरकर उन्होंने नमाज़ पढ़ी, दूसरी 'तूरसीना' पहाड़ था जहाँ हज़रत मूसा ने खुदा से वार्तालाप की थी और महत्त्वपूर्ण दस्तावेज़ 'टैन कमाण्डमैण्ट्स' (दस आध्यात्मिक नियम) प्राप्त किये थे। तीसरी मंज़िल 'बैथलेहम' थी जहाँ हज़रत मूसा पैदा हुए थे—चौथी मंज़िल 'बैतुल-मुकद्दस' थी जहाँ बुराक का सफ़र खत्म होता था। वहाँ बुराक को एक मकान में बाँध दिया गया जिसका नाम 'ऐकल सुलेमानी' था। इसके बाद एक सीढ़ी उन्हें पेश की गई, यह सीढ़ी या 'मेराज' उन्हें सीधे आसमान में ले गई जहाँ उन्हें बहुत से लोगों से हमकलाम करने का मौका मिला और इस मौके पर खुदा ने रसूलल्लाह को कुछ 'वही' (फरमान) दिये और उसी रात खुदा ने अपने बन्दों को पचास की जगह पाँच नमाज़ों की फर्जियत की या इजाज़त दे दी।

उसी रात रसूलल्लाह बैतुल मुकद्दस आये जहाँ तमाम पैगम्बर मौज़ूद थे। यहीं सुबह की नमाज़ पढ़ी गई। फिर बुराक पर सवार हो कर मक्का वापस आ गये और लोगों को बताया—"मैं रात को सशरीर जन्नत गया था।" कुछ लोगों ने सच जाना, कुछ ने हँसी उड़ाई और उनके खिलाफ *कुरान शरीफ* में भी फरमाया—"पाक है वो जात जो अपने बन्दे को रात के वक्त मससुल हरम से मससुल अखसा की तरफ़ ले गई, जिसके माहौल को हमने बरकत दी है, ताकि हम उसे अपनी निशानियाँ दिखायें।" *कुरान शरीफ* की ये आयतें इस बात का सबूत हैं कि रसूलल्लाह को 'मेराज' बदन और रूह के साथ हुई थी और शबे मेराज में आपकी पहली मंज़िल बैतुल मुकद्दस या जेरूसलम थी।

डोम ऑफ़ रॉक्स में प्रवेश करते ही बहुत से कीमती कालीन फैलकर स्वागत करते हैं। नीले रंग की नक्काशीदार टाइलों पर अरबी में सुनहरे रंग से *कुरान* की आयतें लिखी हैं—"ओ देयर इज़ नो गॉड बट ही, द लिविंग, द एवरलास्टिंग" पारदर्शी शीशों में घेरकर रखी गई हैं, वह प्रसिद्ध पवित्र छोटी-सी चट्टान जिसे 'माउण्ट ऑफ़ मोरिआ' कहते हैं और जो बहुत हिफ़ाज़त से आज भी हज़रत मोहम्मद के चरण-चिह्नों की वह मधुगंधी मिट्टी समेटे हुए है जो उन्होंने जन्नत जाते और लौटते वक्त यहाँ पैर रखकर लगाई होगी। मैं आँखों में समूचे दृश्य को समेट लेना चाहती हूँ। विश्वास ही नहीं होता कि मैं यहाँ तक आ गई हूँ। भाग्यवान हूँ...शायद इसी कारण, ऐसा अनुभव, इच्छा होती है, हाथ बढ़ाकर उस पवित्र पहाड़ी के टुकड़े को, उस मिट्टी को माथे से लगायें, पर वह दीवार हाथों को रोक लेती है। मैं आँखें उठाकर देखती हूँ, आस-पास क्या, पूरे संसार में कितने ही लोग हैं—अनेक वेशों में, अनेक चेहरों में। सभी तो अपनी-अपनी मान्यताओं की आन्तरिक बाध्यता के कारागृह में बन्द हैं। चारों तरफ़ हमारी सोच की दीवारें हैं जो हमें कैद किये हुए हैं। हिन्दू कहता है, मैं हिन्दू हूँ—उसने अपनी आत्मा को हिन्दुत्व के कठघरे में कैद किया है। मुसलमान ने अपने को मुसलमानियत के, अंधविश्वासों के कठघरे में कैद कर रखा है। ये दीवारें माउण्ट मोरिआ की दीवार जैसी पारदर्शी हैं, इनके उस पार देखा जा सकता है, अतः अनुभव नहीं होता कि बीच में दीवारें हैं, परन्तु यदि कोई हिन्दू या मुसलमान एक-दूसरे के लिए मित्रता का हाथ बढ़ाता है तो ये दीवारें आड़े आ जाती हैं—व्यवधान बन जाती हैं, सम्बन्धों को जुड़ने नहीं देतीं, उँगलियों को एक-दूसरे से छूने नहीं देतीं।

अपने ईमानदार मूल्य-निर्धारण के स्थान पर हृदय में जाने-अनजाने एक घेराबन्दी जैसी इच्छा या एक अनिच्छा जन्म लेने लगती है। इन सभी स्थितियों और उनकी प्रक्रियाओं का प्रत्येक भारतीय भी तो आदी है। इतिहास गवाह है कि यहाँ भी तो कश्मीर और पाकिस्तान, अयोध्या या हिन्दू-मुसलमान सभी के बीच संघर्ष सदियों से चलते आये हैं। इज़राइलियों के लिए यह स्पष्ट है कि उनके राष्ट्र का तकलीफदेह इतिहास विश्व सभ्यता के कष्ट-भरे इतिहास की एक लम्बी दास्तान बन चुका है। मेरे आगे एक समाचार पत्र खुला पड़ा है जिसमें लिखा है— 'इज़राइल इज़ ए कंट्री ऑफ़ हाक्स एंड डव्स, ऑफ़ एक्सट्रीक्स अमंग पीपुल एंड कल्चर्स, ऑफ़ वेदर एंड लैंडस्कोप, द लैक ऑफ़ मॉडरेशन इज़ वन रीज़न व्हाई हार्ट्स एंड

माइंड्स डोंट मीट' टॉम सीगर।

एक पत्रकार टॉम सीगर के शब्दों में, ''इज़राइल कबूतरों और बाज पक्षियों का देश है। यहाँ के निवासी और यहाँ की संस्कृति, यहाँ की जलवायु और यहाँ का प्राकृतिक सौन्दर्य विभिन्नता की पराकाष्ठा को परिभाषित करते हैं। आधुनिकीकरण ही मूल कारण है कि मस्तिष्क और मन एक-दूसरे से जुड़ नहीं पाये।''

और मैं इतने सारगर्भित इतिहास को अपनी अन्तरात्मा में संजोती तीन धर्मों के उस शहर में नतमस्तक बैठी हूँ—मेरी आँखें गीली हैं—न जाने कौन सी अदृश्य-सी अनुभूतियाँ हैं जो मुझे छू रही हैं भीतर एक उद्वेलित लहर उठ रही है। कभी मैं 'गलगोथा' के निकट नतमस्तक होती हूँ, कभी वेलिंग वॉल की दरारों के स्पर्श को अपनी मुट्ठी में भर लेने का प्रयास करती हूँ और कभी 'माउण्ट मोरिआ' की पहाड़ी को आँखों में भर लेना चाहती हूँ जहाँ से हज़रत मोहम्मद शरीर और रूह के साथ जन्नत गये थे। ऐसा अजीबोगरीब-सा शहर मुझे निःशब्द कर रहा है, भक्ति से भर रहा है। विश्वासों की निःशब्द आवाज़ हज़ारों हज़ार रागों को मेरे भीतर उद्घोषित कर रही है। आनन्द यात्रा एक तीर्थस्थल की, मेरे भीतर एक नये प्रकार के बोधिसत्व की रचना कर रही है। मुझे लगता है कि जैसे मैं नियमों के बाहर, कहीं चल रही हूँ...पता नहीं कहाँ?

# शीत उदासी का गीत–मॉस्को

वह 25 दिसम्बर की बर्फ़ानी सुबह थी। मॉस्को की धरती पर बर्फ़ का नर्म सफ़ेद कालीन बिछा था, जहाँ तक दृष्टि जाती केवल बर्फ़ ही बर्फ़, जैसे एक धवल निर्मल शान्ति बिखर कर फैल गई हो। महाकवि प्रसाद की *कामायनी* की पंक्तियाँ अपने आप मन में मुखर हो उठती हैं–

*हिमगिरि के उत्तुंग शिखर पर, बैठा शिला*
*की शीतल छांह;*
*एक पुरुष, भीगे नयनों से देख रहा था*
*प्रलय प्रवाह*
*नीचे जल था, ऊपर हिम था,*
*एक तरल था, एक सघन।*
*एक तत्व की ही प्रधानता, कहो उसे जड़*
*या चेतन...।*

और मेरी आँखें हिमाच्छादित पत्रविहीन उन पेड़ों से उलझती हैं जहाँ हिम के गुच्छे अनेक प्रकृतियों से ढलकर आकर्षित कर रहे थे। दूर तक जाती ताड़ के वृक्षों की एक लम्बी-सी कतार बर्फ़ की छतरियाँ थामे ऐसी प्रतीत होती थीं जैसे बहुत से क्रिसमस-ट्री हाथ में पकड़े क्रिसमस का कोई भक्ति-गीत गुनगुना रहे हों। सड़क के दोनों ओर जलती-बुझती छोटी-छोटी बत्तियाँ पहले क्रिसमस, फिर नव-वर्ष के आह्वान हेतु सजी हवा में जुगनुओं-सी बिखरी पड़ी थीं। बर्फ़ से लदा-फंदा यह शहर मॉस्को, रूस का प्रवेश द्वार मेरे लिए खोल रहा था और मेरे भीतर कितने ही नाम आकर गड्ड-गड्ड हो रहे थे। गोर्की, टॉल्सटॉय, पुश्किन, दास्तोवस्की...और लग रहा था, मैं अकेली नहीं हूँ इस यात्रा में। वह सभी लेखकीय अनुभव साथ-साथ

हाथ थामे चल रहे थे। पुश्किन की कविता-'स्नो रॉस्ट एंड सनशाइन' पता नहीं कहाँ से आकर हवाओं में गुनगुना रही थी–

*हिम, धुंध और सूर्योदय का*
*सुन्दर-सा प्रभात*
*और तुम, प्रिय, मेरे प्रेम*
*अलसाई रात की जादुई चादर में*
*लिपटे कब तक यूँ ही सोते रहोगे...*
*उठो, रात को विदा गीत गाने दो*
*अपने को, बिस्तर से ही नहीं*
*अपने आप से ऊँचा उठा लो*
*जागृत करो अपने भीतर उत्तरी नक्षत्र...*

शहर के आरम्भ होते-न-होते हमारा रूसी मित्र गर्व से बताने लगता है, मॉस्को रूस का राजनैतिक, ऐतिहासिक, सांस्कृतिक ही नहीं, तकनीकी केन्द्र भी है, उसका यह शहर 'हीरो-सिटी' है। जिसके इतिहास में मात्र पुराना दस्तावेज़ ही नहीं, बहुत से सिपहसालारों का अतीत भी लिखा है। 'ईवान-द-टेरिबिल' से लेकर 'हिटलर' तक का। मॉस्को संसार के महानतम शहरों में से एक है। यह यूरोप के पूर्वी भाग में स्थित है और इसका क्षेत्रफल आठ सौ सत्तर हज़ार वर्ग किलोमीटर है। मॉस्को विस्तार में न्यूयॉर्क और लंदन से कहीं बड़ा है, पेरिस से भी आठ गुना बड़ा है। यही नहीं, समूचे शहर की शिल्प-संरचना भी बहुत-सोच-समझकर की गई है। जिस सड़क से गुज़र कर हम जाते हैं, वह बेहद खुली है, इसके अतिरिक्त सड़क के दोनों ओर घने पेड़ों से आच्छादित हरे-भरे लॉन हैं जिनकी शोभा बढ़ाती अनेक महान पुरुषों की प्रस्तर प्रतिमाएँ गर्व से खड़ी हैं। महात्मा गाँधी और श्रीमती इन्दिरा गाँधी की प्रतिमाएँ हमें, अपने भारतीय होने के गर्व से भरती हैं।

शहर का समूचा शिल्प, संरचनात्मकता की दृष्टि से बहुत कलात्मक और नयनाभिराम है। सड़क के दोनों किनारों पर समानान्तर बनी इमारतें प्रायः सोलह-मंज़िला हैं। जब हम 'निकोलोस्क्या-स्ट्रीट' से गुज़रते हैं तो ज्ञात होता है कि रूस की सर्वप्रथम शिक्षा सम्बन्धी इमारत या विद्यापीठ यहीं निर्मित हुई थी, जिसकी नींव प्रसिद्ध कवि और बुद्धिजीवी सिमोन पोलोस्की ने रखी थी और वही इसके कर्ता-धर्ता थे। इसे आज भी 'स्लोविक-ग्रेस-अकैडमी' के नाम से जाना जाता है। इसी संस्था

के स्नातक थे 'मिखाईल-लोमोनोसोव' जिन्होंने अपने जीवनकाल में विश्वविख्यात मॉस्को विश्वविद्यालय की नींव डाली थी। यह विश्वविद्यालय आज भी रूस के सांस्कृतिक और औद्योगिक विकास का एक प्रमुख केन्द्र है। मॉस्को का अट्ठारहवीं शताब्दी का मुख्य शिल्पशास्त्री था 'दिमित्री-उखतोम्स्की' जिसने प्रसिद्ध ही नहीं अति सुन्दर 'ट्रिनिटी सर्जियस मॉनेस्ट्री' और 'सेंट निकटास द मार्टियर' नामक गिरजाघर का निर्माण किया था। इसके बाद 'काज़ाकोव' नामक शिल्पशास्त्री ने मॉस्को शहर को एक चरित्र प्रदान किया—उसने पाँच एक-जैसी भव्य और विशाल इमारतों का निर्माण किया। आम आदमी इन्हें 'फाइव सिस्टर्स' भी कहते हैं। पहली है, 'हाउस ऑफ यूनियन', दूसरी है 'म्यूनिसिपल अस्पताल', तीसरी है 'मॉस्को सिटी हॉल', चौथी है 'मॉस्को विश्वविद्यालय', पाँचवीं है 'यूक्रेन होटल'। सभी इमारतों का शिल्पशास्त्र आश्चर्यजनक है। रचनाकार की अन्वेषणशीलता मन में कौतूहल भरती है।

सन् 1712 में रूस के शासक 'पीटर-द-ग्रेट' के समय रूस की राजधानी 'सेंट-पीटर्सबर्ग' थी परन्तु मॉस्को रूस की सभी संरचनात्मक, कलात्मक संस्कृतियों का केन्द्र बना रहा, विशेष रूप से तब, जब नेपोलियन ने रूस पर धावा बोला था। इतिहास के पन्ने पलटने पर पता चलता है कि अट्ठारहवीं सदी में रूस में नाटकीय ढंग से परिवर्तन आये। परिणामस्वरूप पश्चिमी यूरोप से नेपोलियन की सेनाएँ रूस को तहस-नहस करती चली गईं, उस बर्बादी की धुँधली काली स्मृतियाँ 'वोरोडिनो' के खण्डहरों के निकट चुपचाप उमड़ती आज भी दीख पड़ती हैं। एक सौ तीस साल बाद पुनः एक बार 'वोरोडिनो' के उसी विस्मृत मैदान में आदिम रक्त की नदियाँ बहने लगीं। इस बार 'फासिस्ट-जर्मनी' ने रूस पर धावा बोला था। बीते हुए दिनों की स्मृतियाँ संग्रहालयों में आज भी जीवन्त होकर अपनी-अपनी दास्तान बयान करती हैं।

रूस की बर्बादी के बादल फिर उमड़े और इस बार फ्रांसीसियों ने रूस पर आक्रमण किया, मॉस्को में एक बृहत् अग्निकांड हुआ, बहुत कुछ ध्वस्त हुआ, बड़ी-बड़ी इमारतें, भव्य भवन, दीवारें, बगीचे सभी कुछ धुआँ-धुआँ हो गया, परन्तु 'क्रेमलिन' किसी प्रकार विनाश के हाथों से बच गया। फिर मॉस्को शहर राख के ढेर में उठ खड़ा हुआ और शिल्पशास्त्रियों ने तराशकर इसके रूप को फिर से एक नया रूप प्रदान किया। उसी समय की देन है, यहाँ का नयनाभिराम 'बोल्शाई थियेटर' जहाँ विश्व-प्रसिद्ध 'बैले' मंचित होते हैं। 1853 से लेकर 1856 तक हुए 'क्रीमियन-युद्ध'

के बाद रूस में विषाक्त वायु के साथ-साथ एक तरह का क्रान्तिकारी विद्रोह फैल गया। इस विद्रोह की प्रेरणा उटोपियन या स्वप्नदर्शी समाजवाद से आई थी। इस समाजवादी क्रान्ति का मुख्य ध्येय था, रूस के एक वर्ग-विशेष को कृषि-दासता से मुक्ति दिलाना। नवम्बर, 1987 को इस वर्ग ने अक्तूबर की महान समाजवादी क्रान्ति की वर्षगांठ भी मनाई। यह वर्ग पूर्णतया लेनिन के मस्तिष्क की उपज था। लेनिन ने अपना सारा जीवन इस समाजवादी विद्रोह और समाजवादी व्यवस्था को लाने में लगा दिया और वह संसार के पहले समाजवादी राष्ट्र की स्थापना में सफल भी हुए। उनके जीवन का मुख्य आयाम आम जनता को सामाजिक स्वतन्त्रता दिलाने, प्रेरित करने और पुनर्स्थापित करने का था—वह ताउम्र इसी प्रयास में लगे रहे कि कुंठित विश्वासों से ग्रस्त मनुष्य अपनी मानसिकता से उबर कर सही जीवन जी सके।

मॉस्को का 'रेड-स्क्वायर' शहर के धड़कते हुए हृदय-सा जीवन्त है। आज भी यह पर्यटकों का तीर्थ है, रेड-स्क्वायर का अपना इतिहास है। यहाँ 24 जून 1941 को हिटलर से विजय प्राप्त करने के उपरांत सेनाएँ परेड करती हुई जमा हुई थीं। वह दृश्य अवश्य ही रोमांचक रहा होगा और वह था इतिहास का महान क्षण। जितने सेनानियों ने इस विजय के लिए अपने प्राण विसर्जित किये थे, उनकी स्मृतियों को ताज़ा रखती 'ग्रेस ऑफ़ अननोन सोल्जर्स' आज भी ताज़े फूलों से ढँकी मन को एक शीत सिहरन से भर जाती है।

इसी रेड-स्क्वायर में 44 साल बाद 9 मई 1985 को एक बार फिर उस देशभक्ति के युद्ध की याद में सेनाओं ने भव्य परेड आयोजित की जिसके दौरान युद्ध के महान योद्धाओं को श्रद्धांजलि भी दी गई और उस अनुपम विजय की पताका को खुले आकाश में फहराया गया। इसी कारण हर साल 9 मई का दिन, रूस में, विजय और शान्ति दिवस के रूप में मनाया जाता है। रूस का पुनरुत्थान तो हुआ, परन्तु इस नये-नकोर पुनर्जागरण के कई आयाम थे जो बाद में सामने आये। उस समय पश्चिमी संसार का समूचा फोकस रूस की विशाल जनसंख्या, विस्तार में फैली धरती, तेल और खनिज के आरक्षित खजाने और मिलिट्री फोर्स पर केन्द्रित रहा। बाहरी संसार के प्रायः सभी लोगों ने रूस के 'उस-मनुष्य' को अनदेखा कर दिया जो सबसे अलग-थलग चुपचाप खड़ा था और जिसके रहस्यपूर्ण रूसी चरित्र की आन्तरिक गहराई में एक सदी से सिसकते देश के पुनरुत्थान की आकांक्षा

दहक रही थी, जिसे वह अभिव्यक्त नहीं कर पा रहा था। बाहरी तौर पर लोग रूसी जनता की इस चुप्पी को, सन्देह से या अविश्वास से देखते थे और उन्हें विनम्र या सुस्त स्वभाव का करार देते थे। यही नहीं, रूसियों को 'नेजोफोबिक' या 'विदेशी-देशी' भी समझा जाता था।

जब भी बाहरी लोग उनसे बात करते तो वे उन्हें उकसाते कि वे खुलकर अधिक बात करें और अपने गुमसुमी अस्तित्व को सही परिभाषा दें, पर एक मौन था जो रूसियों को घेरे रहता था। ऐसी स्थिति में बड़ी निराशा होती और लगता, ऐसे देशवासी किसी भी देश को एक पुख़्ता अर्थव्यवस्था या एक स्थिर सशक्त, लोकतन्त्र नहीं प्रदान कर सकेंगे। रूस में समाजवादी विचारों का प्रचार होने लगा, बदलाव आने लगा। रूस की यह प्रसिद्ध अकर्मण्यता उस समय की देन थी जब पुराने पूँजीपति और ज़मींदार किस्म के लोग आम जनता और बंधुआ मज़दूरों का शोषण जी खोलकर कर रहे थे। ऐसे में स्वाभाविक ही था कि विद्रोह जन्म लेता, जिसके परिणामस्वरूप 'कम्यूनिज़्म' या समाजवाद रूसवासियों का विश्वास बन गया। कार्ल मार्क्स जैसे अर्थशास्त्री ने रूसवासियों की मानसिकता को एक नया विचारगत मोड़ दिया। रूस के वातावरण में एक बदलाव पनपने लगा था।

'बोलशेविक-क्रान्ति' के समय बहुत से रूसवासी एक बहुत बोझिल और तनावपूर्ण मानसिकता में जी रहे थे। उस विनाशकारी युद्ध के बाद हज़ारों की तादाद में अनेक रूसी अपना देश छोड़ने के लिए विवश हो गये थे। अधिकतर पलायन रूस के बुद्धिजीवियों ने किया। 1930 में 'स्टालिन' के परिष्करण के तहत बहुत से स्वतन्त्र किसान, बचे-खुचे बुद्धिजीवियों और कुशल अफ़सरों का भी सफ़ाया हो गया। रूढ़िवादी चर्च, जो कि रूसी धर्म और संस्कृति के गढ़ थे, उनका पुनरुत्थान करके उन्हें एक संस्था विशेष के हवाले कर दिया गया। समाजवादी व्यवस्था की नियमावली में परमात्मा की आवश्यकता को उतना उपयोगी नहीं माना गया, जितना जीवन की अन्य वस्तुओं को। शुद्ध अर्थशास्त्र में आत्मज्ञान के समावेश को अनिवार्य नहीं समझा गया। समाजवादी जीवन जीने के लिए वे रोटी, रोजी और मकान को अहम मानते थे, उसमें धर्म और परमात्मा को कोई स्थान नहीं मिला था। उस समय की क्रूर सियासी व्यवस्था ने रूसियों से उनकी स्वतन्त्रता ही नहीं छीनी, उनके मस्तिष्क की रचनात्मक प्रवृत्तियों का भी बुरी तरह हनन कर दिया।

परिणामस्वरूप रूसी जनजाति के चरित्र में एक अतिसामान्य सा दासत्व आ

मिला। जिससे 'होमोसोवोटिकस' का जन्म हुआ—एक ऐसा चेहरा-विहीन पुरुष जो मानसिक रूप से अत्यन्त दुर्बल था और अपने शासकों से भयग्रस्त था। ऐसे समय में दुर्बल मानसिकता वाली एक पूरी पीढ़ी पनपने लगी, जिन्हें किसी भी परिवर्तन के प्रति विद्रोह करने की न तो कोई इच्छा थी, न ही प्रेरणा। एक मृतप्राय सी जनता जो मात्र साँस ले रही थी, जीवन जीना भूल चुकी थी।

तभी 'प्रेस्ट्रोरिका' के आने के बाद रूस की जनता में जैसे नये प्राणों का संचार हुआ। उनके भीतर सोयी इच्छा जाग उठी, उन्हें एकाएक लगने लगा कि जैसे भी हो, रूस के विस्मृत गौरवपूर्ण अस्तित्व को फिर से वापस लौटाना है। एक धुँध का बादल परिवेश से वाष्प-सा उड़ता चला गया और चेतना की लहर रूसियों की मानसिकता में दृढ़ता, स्थायित्व और कर्मठता का मन्त्र फूँकने लगी। तीन साल के अन्तराल में ही अनेक चर्चों के बन्द द्वार खुलने लगे। सच तो यह है कि मनुष्य के भीतर यदि किसी किरण का प्रवेश हो जाता है तो बहुत अड़चन होती है। वह नन्हीं सी प्रकाश-किरण मन में परमात्मा की प्यास को उजागर कर देती है, भीतर एक बेचैनी घुटने लगती है और एक कुहासा उमड़ता है जिसकी आवश्यकताएँ भौतिक आवश्यकताओं से भिन्न होती हैं। विश्वविद्यालयों में रूसी इतिहास के नये अध्याय पढ़ाये जाने लगे और उन्हीं दिनों रूस के बहुत से शहरों के नाम भी बदले गये। 'लेनिनग्राड' बदलकर फिर 'सेंट पीटर्सबर्ग' हो गया और रूस की पुरानी रूढ़िबद्ध आत्मा जैसे वापस लौट आयी।

रूसी इतिहास के बहुआयामी परिणामों के उतार-चढ़ाव से गुज़रता मॉस्को रूपान्तरित, संकल्पित शहर आज भी अपनी ऐतिहासिक अविभाज्य भव्यता को अपने हृदय में छुपाये गर्वित-सा खड़ा है। रेड स्क्वायर के निकट है क्रेमलिन, जो कभी राजकीय ज़ार परिवार के रहने के लिए प्रयुक्त होता था और जहाँ युद्धोपरान्त विजेता सेंट जॉर्ज का स्वागत किया गया था। यहीं 'ब्लादीमीर इलिच लेनिन' का ऑफ़िस था। वह 1918 से 1923 तक यहीं रहा और यहीं से सारे काम करता रहा। अब 'क्रेमलिन' रूस आने वाले हर यात्री के लिए दर्शनीय स्थल है। रेड स्क्वायर के बीचोबीच 'चर्च ऑफ़ सेंट बासिल द ब्लैसेड' बना है। इसके रंग-बिरंगे गुम्बद बड़े अजीबोग़रीब हैं। रूस की अधिकतर इमारतों के शिल्पशास्त्री इटली से आये थे और अधिकतर इन्हें इवान द टैरिबल ने 1556 से 1561 में बनवाया था। यहाँ की इमारतों में परियों के लोक-सा सौन्दर्य है। वास्तव में राष्ट्र के कज़ान खनाते से

स्वतन्त्रता पाने की प्रसन्नता जताने के लिए 'क्रेमलिन' बनवाया गया था। क्रेमलिन के लिए किसी कवि ने कहा है–

''मॉस्को की धरती पर क्रेमलिन है, परन्तु क्रेमलिन के ऊपर स्वर्ग है केवल स्वर्ग'' (स्वर्ग जैसा सुन्दर है क्रेमलिन)।

लेनिन का 'मेसोलियम' भी रेड स्क्वायर के एक ओर स्थित है। इसके मुख्य द्वार पर पहरा देते वर्दीधारी सिपाही गार्ड ऑफ ऑनर की प्रक्रिया से गुज़रते हैं। ये गार्ड अपनी ड्यूटी ठीक उस समय बदलते हैं जब क्रेमलिन की घड़ी में उस विशेष समय की घंटी बजती है जब यह राष्ट्र जीवन्त हो उठा था। इस 'मेसोलियम' के भीतर जाकर दाँतों-तले उँगली दबानी पड़ती है। लेनिन का शव आज भी वैसा ही है जैसा मृत्यु के क्षण था। जीवन्त, शान्त और भव्य, मृत शरीर की ऐसी अद्‌भुत ताज़गी, ऐसा रूप मेरी आँखों ने पहले कभी नहीं देखा।

मॉस्को शहर के बीचोबीच बहती है 'मौस्कावा' नदी, जो स्थान-स्थान पर पतली नहरों में बँटती है। इसके सहारे शहर का बहुत-सा सामान तैर कर आता है, लकड़ी के लट्‌ठे, अनाज के बोरे आदि। इस पर कम-से-कम तीन सौ पुल हैं और आठ ऐसे स्थल हैं जो मानो गवाही दे रहे हों कि यहाँ इतिहास और साहित्य साथ-साथ चल रहे हैं। यहाँ बड़े लेखकों के नाम पर कहीं तो 'गोर्की स्ट्रीट' है और कहीं प्रसिद्ध रूसी कवि 'ब्लादीमीर मायकोवस्की' की विशालकाय प्रतिमा है। महान् लेखक 'लिओ टॉलस्टॉय' का घर भी देख पाने का सौभाग्य प्राप्त हुआ। इसे 1817-1822 में शिल्पशास्त्री 'अफानासे-ग्रिसरोवेव' ने चित्रित किया था। आज यह टॉलस्टॉय की स्मृतियों को संजोये जीवन्त है। यहाँ महान लेखक के जीवन से जुड़ा बहुत कुछ मौज़ूद है। उनके वस्त्र, खाने के पात्रों से लेकर पढ़ने की मेज़ पर उनकी हाथ से लिखी पांडुलिपियाँ भी संजोकर रखी हुई हैं। इसके अतिरिक्त एक कमरे में जूते बनाने का सामान और चमड़े के टुकड़ों के साथ बहुत-सा अधबना सामान पड़ा है। अवकाश के समय टॉलस्टॉय को जूते बनाने का शौक था और उनके हाथ से बने जूतों की जोड़ी आज भी दर्शकों के लिए रखी हुई है। गाइड बताता है कि वह शाकाहारी थे और उनके तेरह बच्चे थे, उनकी पत्नी उनके लेखन में सहायता करती थीं।

1992 में रूस के 'ऑर्थोडॉक्स गिरजाघरों' ने अपनी 600वीं वर्षगांठ मनाई, जिसमें 'लाव्रा' के 'सेंट सर्जियस' को महत्त्वपूर्ण स्थान प्राप्त है। 1314 में पवित्र

रोस्तोव बोयो के परिवार में सेंट सर्जियस का जन्म हुआ था। वह आरम्भ से ही धार्मिक प्रकृति के थे और प्रार्थनाएँ करते थे। एक शाम जब वह प्रार्थना में डूबे हुए थे, अचानक एक दैवीय आवाज़ उनका नाम लेकर पुकारती है। वह उठकर खिड़की खोलते हैं तो एक अलौकिक प्रकाश उनकी आँखों को चकाचौंध कर जाता है और वह आवाज़ उन्हें पुनः चेताती है कि तुम्हारी प्रार्थनाएँ सुन ली गई हैं, यहाँ मॉनेस्ट्री में तुम्हारे उपासक बहुत से होंगे। अचानक उसी समय परिंदों का उड़ता हुआ एक झुंड वहाँ से फड़फड़ाता हुआ गुज़रता है। आवाज़ कहती है जितने पक्षी हैं उससे अधिक होंगे तुम्हारे धर्म-शिष्य जो प्रार्थनाओं और भगवान के नाम का प्रचार करेंगे। सभी घटनाएँ मेरी मानसिकता को झकझोड़ती हैं। समझ नहीं पाती कैसे रिएक्ट (react) करूँ। ऐसा शहर...इतिहास की चुनौतियों और कालजयी साहित्यिक रचनाओं का शहर मुझे देखने को मिला।

वहाँ घने जंगलों के मध्य मॉनेस्ट्री पनपने लगी। अन्य पचास मॉनेस्ट्रियों के मध्य पवित्र हृदय जैसा स्थान था। इसके परिवार में पैर रखते ही सफ़ेद दूधिया बर्फ़ से सम्प्रेषित होती पवित्र गर्म चादर-सी मेरे शरीर के आस-पास लिपट जाती है। इसका सौन्दर्य अद्‌भुत है—गहरे नीले रंग के स्थापक धर्मपीठ 'डोरमीशन-कैथीड्रल' का चमकीला सौन्दर्य नीले आकाश की गहराई से होड़ लेता जान पड़ता है। अन्दर दीवारों पर भित्तिचित्र, सुनहरे रंग के चमकते दरवाज़े, नक्काशीदार बेलबूटे, चित्र तथा 'आईकॉन' सभी अपने गरिमामय सौन्दर्य की चकाचौंध से भर देते हैं।

'सेंट-सर्जियस' का पुराना कौफ़िन (ताबूत) भी यहाँ आज तक रखा है। यही नहीं, चाँदी की खूबसूरत नक्काशीदार छतरीनुमा चौकी के भीतर 'सेंट-सर्जियस' का पार्थिव शरीर दबा हुआ है और दीवार पर उतना ही पुराना एक चित्र है। एक पादरी काले कपड़े पहने आने वाले भक्तों के माथे पर हाथ रखकर आशीर्वाद देता है और उसके गले में लटके चाँदी के बड़े क्रॉस को सभी भक्तिभाव से माथे से लगाकर चूमते हैं। मैं और शीतल उस महान भक्त के निकट सिर नवाते हैं, पादरी से आशीर्वाद लेते हैं और क्रॉस को चूमते हैं। एक धुआँ-सा है, अदृश्य मनुष्य की पार्थिवता को तिनका-तिनका करके बिखेरता हुआ लगता है, जन्म तो सबने लिया है, पर जन्म वही सफल होता है जो कुछ असाधारण कार्य कर गुज़रता है, जीवन के किसी पक्ष में किसी भी समय-और जो कर पाते हैं वह मृत्यु को प्राप्त होकर हज़ारों साल व्यतीत होने पर भी मिटते नहीं हैं। वे महान हस्तियाँ बिखरने से बचकर किसी

चित्र या मूर्ति की काया में समाविष्ट हो जाती हैं, अमर हो जाती हैं। उनके नाम याद ही नहीं रखे जाते, सख्त पत्थरों के हृदय पर खोद-खोद कर लिख दिये जाते हैं। वे सभी नाम यहाँ गुंजरित हैं, ये सभी चित्र अपनी समयभेदी आँखों से हमें देख रहे हैं। सर्द जमी हुई बर्फ़ के शरीर में कुछ नहीं होता है। हाँ, इस गिरजे के भीतर अवश्य एक फुरफुरी शरीर को कंपा जाती है।

मैं साथ चलते गाइडनुमा पादरी से बातें करती हूँ—जानना चाहती हूँ, आज के इस समय में, मशीनीकरण और आधुनिकता के इस वातावरण में वो और उनके जैसे अन्य लोग यहाँ पादरी बनने क्यों चले आये? उसने मुड़कर बड़ी अर्थपूर्ण दृष्टि से मुझे देखा और नम्रता से कहा—"मैंने अपने विद्यार्थी जीवन में आकार में बहुत छोटी-सी एक *बाइबिल* पढ़ी थी। उसके सूक्ष्म से, सम्प्रेषित होता मुझे एक बृहत् ज्ञान प्राप्त हुआ और मैं यहाँ चला आया। दस साल से यहीं हूँ, प्रार्थनाएँ करता हूँ और बस, यही मेरा जीवन है।"

'जागरोर्स्क' की इस मॉनेस्ट्री से विदा होकर हम फिर मॉस्को शहर के उस हिस्से में लौट आते हैं जहाँ 'बोल्शाई थियेटर' है। इसकी भव्य इमारतें हमें आश्चर्य से भर देती हैं, बाहर ही नहीं, भीतर का परिवेश भी बहुत सजा-धजा है। जैसे थियेटर नहीं कोई राजसी राजमहल हो। अजीब है उसकी रचनात्मक अस्मिता, गौरवपूर्ण। सुनहरे रंग से पूरे हॉल में नक्काशी की गई है, आँखें चकाचौंध हो जाती हैं। नाटक आरम्भ होता है।

रूसी और सोवियत रंगमंच के एक महान व्यक्तित्व, 'कोंस्तांनिक स्तानिस्लाव्सकी' ने एक बार कहा था— "प्रत्येक राष्ट्र अपनी कलाओं में अपनी रंगारंग विशेषताओं को, अपनी आत्मा को प्रतिबिम्बित और अभिव्यक्त करता है।" शायद यही कारण है कि रूस का रंगमंच विश्व-प्रसिद्ध है। यहाँ के रंगमंच के इतिहास को गहराई से जानने पर पता चलता है कि भारतीय नाटकों के प्रति रूसी नाटककारों की विशेष रुचि रही थी। लगभग 200 वर्ष पूर्व महाकवि कालिदास का नाटक 'अभिज्ञान शाकुन्तलम्' रूसी भाषा में अनुदित हुआ था। 1914 में पहली बार उसका यहाँ मंचन भी हुआ। इससे रूसी रंगमंच के इतिहास में एक नये अध्याय की शुरुआत हुई थी। विख्यात रंग-विशेषज्ञ 'अलेक्जांद्र-ताइरोव' ने कहा था कि यह महान प्रतिभा-प्रसून कृति सच्चे मानवतावाद और गहरे ज्ञान से परिपूर्ण है तथा इसमें अभिनय की अकूत सम्भावनाएँ मौज़ूद हैं।

यही नहीं, रवीन्द्रनाथ टैगोर की रचनाओं का भी रूसी भाषा में रूपान्तर हुआ था। 'तजाकिस्तान' में 'आहुति' खेला गया तथा 'नौका डूबी' का भी मंचन यहाँ-वहाँ होता रहा। 'चित्रा' को एक बैले के रूप में यूरोपियन मंच पर सर्वप्रथम सोवियत संघ ने प्रस्तुत किया। बोल्गा नदी के किनारे स्थित 'कुइविशेव' नगर में ऑपेरा और बैले थियेटर ने इसे 1961 में पहली बार प्रस्तुत किया।

मॉस्को के पुश्किन थियेटर में शूद्रक के नाटक 'मिट्टी की गाड़ी' (मृच्छकटिक) के आधार पर 'श्वेत-कमल' खेला गया। भारत की नाट्य सम्पदा और साहित्य का समावेश रूस के कला-प्रेमियों के हृदय में समय-समय पर होता चला गया, वह प्रेम आज भी बरकरार है। बैले के रूप में मंचों पर चित्रित होता है। भारतीय कथानक से जुड़ता बैले 'बेडेअर' बोल्शाई थियेटर में देखने का सुअवसर मिला। यह नाटक सबसे पहले जनवरी, 1877 में सेंट पीटर्सबर्ग में खेला गया था, उस समय इस बैले में जो नयापन था वह आज भी है।

मैं आश्चर्य से भर जाती हूँ, क्योंकि, यह नाटक मेरे हाथ थाम लेता है क्योंकि इस नाटक का कथानक भारतीय है। भारतीय राजकुमारी के प्रेम की एक घटना का नाट्य रूपान्तरण है। अतः जितने भी दृश्य मंचित होते हैं, उनमें भारतीय महल और मन्दिर साकार हो उठते हैं। पालकी पर सवार राजकुमार से लेकर नंगे फकीर तक अनेक पात्र कथानक को बुनते हैं। अन्तिम दृश्य में मृत राजकुमारी की आत्मा को स्वर्ग में भटकते हुए भी दिखाया जाता है। बादलों के हल्के नीले रंग में घुमड़ता धुआँ और उस धुएँ के ऊपर पैर रखकर नृत्य करती रूस की वह बैलेरीना, पता नहीं कौन सच्चा था—वह स्वर्ग या वह धुआँ या उनका हल्का-फुल्का अस्तित्व। सभी कुछ दर्शकों को उठाकर एक ऐसी मनःस्थिति पर ला खड़ा करता है जहाँ सृष्टि का समापन मनुष्य में और मनुष्य का समापन सृष्टि में हो जाता है। वर्तमान का सच बचता है तो एक अनुभव जिसे शब्दों में नहीं बाँधा जा सकता।

'बेडेअर' के रोमांचक दृश्य से अभिभूत मैं सारी रात सपनीले पंखों पर सवार उस अनजान धरती पर जाने कहाँ उड़ती रही। पता नहीं कौन-सा अजनबी एहसास था जो मुझे बाँध रहा था। कभी मैं आकाश के फेनिल वक्ष पर सिर रखती, कभी किसी ध्वनि के साथ तैर जाती। वह ध्वनि मुझे उस घर का रास्ता दिखा देती है, जहाँ रूस के महाकवि पुश्किन की कविताओं का प्रभाव वर्तमान के इस पल में जीवित हो उठा था। कविताओं की हाथ से लिखी पांडुलिपियाँ खूबसूरत-सी एक

मेज़ पर बिखरी पड़ी हैं। मैं अपनी कांपती उँगलियों से उन्हें उठाती हूँ, पढ़ती हूँ, डूब-डूब जाती हूँ। मुझे लगता है, कविताओं में शिल्प से अधिक एक गहरा जादू-सा है जो मुझे अपने भीतर समेट रहा है। इन कविताओं में पर्वतीय तेजस्विता है—बहुत-सी पर्वत शृंखलाओं-सी लहरदार जिनके अनेक गगनचुंबी शिखर होते हैं। और बहुत-सी भावनाओं के फैलाव में जो स्वर मैं पकड़ पाती हूँ वह कुछ ऐसा था—

*जॉर्जिया की पहाड़ियों पर रात की धुँध*
*और घाटियों में उदासियों का धुआँ,*
*परिशून्य दिन को अर्ध प्रसन्नता से भरता है*
*क्योंकि तुम...मेरे मन को भयत्रस्त कर*
*जाते हो*
*विकृत विचारों से भरा मन*
*शान्ति कहाँ पाता है...*
*शान्त, यातनाविहीन मन*
*प्रेम करता है...क्योंकि उसे प्रेम करना है*
*और उसी में संतुष्टि पानी है...*

स्वप्निल आकाश में अनेक आकृतियाँ तैरती हैं, कभी पुश्किन की, कभी नाटक से उठकर आई 'बैलेरीना' के स्वर्ग के धुँधलके में खोते चेहरों की। स्वर कभी तीव्रता से गूंजते हैं, कभी धीमी गुनगुनाहट में बदल जाते हैं, मैं घबराकर उठ खड़ी होती हूँ। कमरे की खिड़कियों के बाहर कोई आकृति है जो श्वेत हिम पर पैर रखती जा रही है। एक श्वेत स्वच्छ वस्त्र में आवेष्ठित वह क्या हो सकता है, कौन हो सकता है? जी चाहता है, उसका पीछा करूँ! परन्तु मुझे लगता है—जड़ से चेतन तक और उस श्वेत यथार्थ से कल्पना तक आते-आते मेरे कदम इस अनजान धरती पर ठिठक गये हैं, मैं प्रयासरत हूँ कि हवाओं में सरसराते इस अनोखे देश के सच को समझ सकूँ।

सुबह उठती हूँ, ठिठकी हुई रोशनी को दरवाज़ों के भीतर आ जाने देती हूँ। अख़बार के पन्नों पर एक खबर छपी है—"अन्ना, पावलोवा, रूस की प्रसिद्ध बैलेरीना जैसे नाटक की मुख्य भूमिका निभाने स्वर्ग से उतर आई है। इस नाटक में दो मुख्य विक्षिप्त शामिल हैं। नाटक में एकांतवास है, देश निकाला है, राजकीयता भी है और अवैधता के साथ-साथ अन्तहीन लालसा भी। बात इतनी-सी है कि

पावलोवा की मृत्यु लंदन में हुई थी और वहाँ की एक छोटी बस्ती के दाह-गृह में उसका अन्तिम संस्कार हुआ था और एक संगमरमर के पात्र में उसके शरीर की राख भी वहीं रखी थी। बोल्शेविक क्रान्ति के समय अन्ना ने अपना अन्तिम अभिनय विश्वविख्यात 'स्वान-लेक' में किया था। हालात कुछ ऐसे बने कि उसे लंदन रहने के लिए विवश होना पड़ा था। पावलोवा ने अपने पीछे कोई वसीयत नहीं छोड़ी थी। दो डच कलाकार 'जीन थौमासे' और 'ईनेवीन' ने एक मुद्दा उठाया है कि पावलोवा के शरीर की राख भरे उस संगमरमरी पात्र को रूस लौटा लाया जाये, क्योंकि अपने समूचे लंदन-प्रवास में पावलोवा हमेशा रूस लौट जाने को तरसती रही थी। अब इतने वर्ष बाद पुनः एक ड्रामा मंचित हो रहा है, उसे अपनी पत्नी बताने वाले खलनायक भी हैं, वकील हैं, सेक्रेटरी हैं, जो बहस कर रहे हैं कि पावलोवा की अन्तिम इच्छा क्या थी? पात्र लौटेगा या नहीं? यह अभी कचहरी में निश्चय लिया जायेगा, और फिर से एक मृत आत्मा साठ साल बाद पुनः कचहरी के चक्कर काटेगी।

मैं मन-ही-मन कांपती रात के धुँधलके में हवा में सरसराती बर्फ़ पर पाँव रखती उस आकृति के सच को जान लेना चाहती हूँ...कौन हो सकती है वो, कौन-सा नाम, पावलोवा, या कोई और? पुश्किन की कविता की कुछ पंक्तियाँ मेरे भयत्रस्त मन को सहलाने का प्रयास करती हैं—

*तुम्हारे लिए मेरे नाम की भला क्या सार्थकता?*
*वह तो एक दिन मृत्यु के मुख में समा जायेगा,*
*जैसे ग्रीष्म ऋतु की*
*उदास सुगबुगाहटें, सुदूर लहरों में बहती जाती हैं*
*या जंगल की निःस्तब्धता में उच्छ्वसित*
*रात्रिवंदना की पवित्रता में*
*कहीं गुम होती चली जाती हैं...*

कविता, बैले और नाटकों से परे एक और रूस है, जिसके बारे में कहना आवश्यक है। आज के समय में जब रूसी गणराज्य किसी भी कठघरे में बन्द नहीं है, मुक्त है, कष्ट अधिक बढ़ गये हैं। एक समय था जब रूस में डॉलर की कोई कीमत नहीं थी और रूबल की नकली कीमत से संसार भर में उसकी धाक जमी हुई थी परन्तु अब ऐसा नहीं है। रूबल की कीमत दिन-पर-दिन घटती

जा रही है, इतनी कम कि यहाँ के निवासी अपने लिए पर्याप्त सामान क्या, पूरा भोजन भी नहीं खरीद पाते। उनके वेतन कम हैं, मुफ्त में या निःशुल्क अब कुछ नहीं मिलता, अतः जो पर्याप्त कमा नहीं पाते, वे बहुत कष्ट का जीवन जी रहे हैं। बाज़ारों में विदेशी सामान है पर दाम अधिक हैं और खरीदने के लिए पैसे नहीं हैं। अधिकतर उस पीढ़ी को, जो शारीरिक रूप से इतने वर्षों से एक तयशुदा जीवन जी चुकी है, उसे यह बदलाव बहुत तकलीफदेह लग रहा है, परन्तु मैं उदास हो जाती हूँ। इतना भव्य शहर और इतनी यातनाओं से गुज़रते इसके नागरिक?

रास्ता चलते एक बूढ़ी औरत मेरा हाथ पकड़कर कहती है—"अब क्या देखना हमारे देश को, देखने लायक तो हमारा देश पहले था।" मैं उसके झुर्रीदार चेहरे पर खिंची यातनाओं की समूची लकीरों में उसकी विवशता के इतिहास की दास्तान पढ़ लेती हूँ...मैं जानती हूँ, उसने भीख नहीं माँगनी चाही थी, पर मेरे बढ़ाये रूबल उसकी बुझी हुई आँखों में एक मद्धम-सी चमक भर जाते हैं।

रूस के इस दयनीय पक्ष के साथ आ जुड़ती है वहाँ के 'अंडरवर्ल्ड' और 'माफिया' की क्रूर वारदातें। आये दिन यहाँ आतंकवादी दिनदहाड़े लूटपाट मचाते हैं, चोरी करते या डाके डालते हैं। हत्याएँ और मारपीट तो आम-सी बात हो गई है। रूस की गिरती हुई आर्थिक स्थिति का यह सबसे भयंकर परिणाम है। रूसवासी वर्तमान राजनीतिक सत्ता से बिलकुल भी संतुष्ट नहीं हैं। इसी के परिणामस्वरूप इतने अनैतिक कार्य हो रहे हैं रूस में कि दिन के खुले प्रकाश में भी सड़क पर चलना खतरे से खाली नहीं है। फिर रात को तो यहाँ अधिकतर सन्नाटा रहता है, हालाँकि पर्यटकों के मनोरंजन हेतु नये होटल बन रहे हैं, 'डिसकोथेक' खुल रहे हैं, जगह-जगह नये 'कैसिनो' जगमगा रहे हैं। परन्तु हवाओं में बहता आतंक खाली को और खाली कर जाता है, यही नहीं, मन को भी एक शीत उदासी से भर जाता है। एक गहरी पथराई उदासी जो मेरे मन पर पथरीली सिल सी आकर टिक जाती है। अश्रुपूर्ण नेत्रों से विदा लेती हूँ...मॉस्को से, हाँ उसके महानतम साहित्य की एक गठरी मेरे साथ है, जिसे थामे मैं लौट रही हूँ।

# एक चेहरा, एक चिकित्सक–कोपेनहेगन

यूरोप के मुख्य भाग और स्कैंडिनेविया के बीच डेनमार्क स्थित है। उत्तरध्रुवीय भूमध्य-सागर के बीच के प्रायद्वीप और ज़ीलैंड के टापू इसकी संरचना करते हैं। यही कारण है कि यहाँ की जलवायु संयमित होती है। कोपेनहेगन का नाम आते ही 'लिटिल मरमेड' या नन्हीं जलपरी का चित्र आँखों में खिंच आता है। प्रसिद्ध बाल-कथाकार 'हेन्स एंडरसन' की एक कहानी के आधार पर इस जलपरी को अमर कर दिया गया था। मन में अनेक तूफ़ान छुपाये अपने प्रेमी राजकुमार की प्रतीक्षा करती यह जलपरी हज़ारों साल से आज भी समुद्र तट पर पत्थर की एक शिला पर बैठी है। उसे देखते ही मेरे मन में एक हल्की उदासी भरने लगती है। क्या प्रतीक्षा करना, उसकी जो कभी नहीं आयेगा दंड है या तपस्या, पता नहीं?

मुझे याद आता है, कोपेनहेगन से मेरा कोई रिश्ता है—अनाम-सा, सुशील मुझ पर झुंझला रहे थे और मैं गुमसुम-सी अतीत में खोयी जा रही थी। बहुत-साल पहले जब मैं बी.ए. में पढ़ती थी—अलीगढ़ में, वह हमारा शहर आँखों के अस्पताल के लिए प्रसिद्ध था। वहाँ कभी भी अच्छे होटल नहीं थे और उस शहर के विशेष अतिथि अधिकतर हमारे ही घर पर ठहरते थे। डॉ. रेडवैनोविक युगोस्लाविया से आये थे और 'मायोपिया' नामक आँखों की बीमारी के विशेषज्ञ थे। डब्लू.एच.ओ. (विश्व स्वास्थ्य संगठन) में उन्हें विशेष स्थान प्राप्त था और उनके कार्ड में उनकी डिग्रियाँ दो पंक्तियों में फैली हुई थीं। उनमें सेवा-भाव इतना था कि दिन-रात मरीज़ों से फुर्सत नहीं पाते थे। कभी दिल्ली, कभी बम्बई, कभी यूरोप उनका आना-जाना लगा रहता था, पर वह अलीगढ़ भी बराबर आते रहते थे। यह क्रम दो-तीन साल चला। मेरी माँ को वह 'माँ' कहते थे। उन्हें माँ का हर सुबह पूजाघर में हवन पूजा करना बड़े आश्चर्य से भर देता था। वह चुपचाप खड़े होकर हवन की प्रक्रिया

को ध्यान से देखते थे और हाथ जोड़कर नमस्कार करके चले जाते थे।

मुझे याद है, उस दिन उनका जन्मदिन था। पापा ने उनके सभी सहयोगी डॉक्टरों और मित्रों को शाम की चाय के लिए आमन्त्रित किया था। जब डॉ. रेडवैनोविक आये तो उन्हें पता नहीं था कि वह आयोजन उनके लिए है। पापा ने उन्हें सफ़ेद रेशमी कुर्ता और धोती पहनवाई और नयी कोल्हापुरी चप्पल देना भी नहीं भूले। उन्हें बताया गया कि यह उनके जन्मदिन का उपहार है। तैयार होने पर पापा उन्हें हवन के स्थान पर ले आये। एक आसन पर वह बैठे, दूसरे पर अन्य मित्र और डॉक्टर। दूसरी तरफ़ हमारा परिवार तथा मित्रगण। पंडित जी ने सस्वर वेदमन्त्रों का उच्चारण किया और वह आयोजन उसी प्रकार सम्पन्न हुआ जैसे हम भाई-बहनों के जन्मदिन पर होता था। आहुतियाँ, आचमन आदि डॉक्टर यन्त्रवत करते गये। अन्त में उनके माथे पर चंदन-तिलक कर फूलमाला पहनाकर पापा ने हलवे से उनका मुँह मीठा कराया। सब उल्लसित थे पर डॉक्टर के नेत्र डबडबा आये थे। वह पापा के गले लग गये। कहने लगे, ''आज मैं भी भारतीय हुआ। आपने मेरी 'क्राइसनिंग' कर दी। आज से सबसे छोटा कुमार हूँ, मैं, आपका ही बेटा।'' उनका नामकरण भी हुआ। उन्हें 'राधाकृष्ण' नाम दिया गया, शायद इसलिए भी कि यह उनके जीवन के सेवा-भरे आदर्श से मेल खाता था।

उस नाते से वह मेरा भाई था। यात्रा पर आते समय पापा ने उसका पता मेरी डायरी में लिख दिया था। यूरोप आने से पहले मैं उन्हें पत्र डाल चुकी थी। अपने आने की तारीख और होटल का नाम भी लिख चुकी थी, पर पूरे दो दिन बीत जाने पर भी उसका न तो कोई फ़ोन आया, न ही मेरे लिए कोई अन्य सूचना। कोपेनहेगन का सौन्दर्य मेरे लिए उदास होने लगा। जलपरी की तरह मेरा इन्तज़ार भी पथराने लगा। सुशील मुझे समझाना चाह रहे थे कि विदेशी लोग हैं, इतने साल बाद तो सगे-सम्बन्धी भी याद नहीं रखते, फिर वह तो तुम्हारा मुँह-बोला भाई है। जब मैं फ़ोन करने को हुई तो कहने लगे–''घर आने की बात मत मानना, उन्हें ही यहाँ बुलाना। हम दो हैं और हमारे तीन बड़े-बड़े बच्चे। पाँच जनों का सत्कार यहाँ के लोग कहाँ कर पायेंगे।''

धड़कते मन से मैंने नम्बर मिलाया। दूसरी ओर से आती आवाज़, गम्भीर और नितान्त अजनबी थी–मैं डरते-डरते बोली। ''मैं भारत से आई हूँ–कुमार साहब की बेटी कुसुम, आपकी बहन-पहचाना?''

उधर एक क्षण चुप्पी रही—“ओह मेरी बहन, तुम हो। कोपेनहेगन में तुम्हारा स्वागत है! तुम्हारी आवाज़ सुनकर खुशी हुई। पापा कैसे हैं? भाई-माँ-?” उसने प्रश्नों की झड़ी लगा दी और मुझे लगा, चारों तरफ़ फूल-ही-फूल बिखर रहे हैं। मैं बोली—“मैं बच्चों और सुशील के साथ यहाँ आई हूँ। आपसे मिलना चाहती हूँ।”

“अरे मिलेंगे क्यों नहीं! हाँ, तुम्हारा पत्र नहीं मिला, नहीं तो एयरपोर्ट पर लेने आता। ख़ैर, शाम को छः बजे तुम्हें लेने आऊँगा। सपरिवार तैयार रहना।”

वह बहुत-सी बातें करता रहा। बच्चों के बारे में, मेरे पति के बारे में। फ़ोन पर ही सब कुछ पूछ डाला। पन्द्रह-सोलह साल का अन्तराल इस तीन-चार मिनट के वार्तालाप में जैसे घुल गया। टेलीफ़ोन रखने के बाद मेरे चेहरे पर विजयी मुस्कान फैल आई। दो दिन की टेन्शन से मुक्त हुई थी। पारदर्शी पर्दे में बँधा कोपेनहेगन खुलकर सामने आ गया था। मेरा विदेशी भाई भूला नहीं है मुझे।

वह सारा दिन हम घूमते रहे। नन्हीं मरमेड को मैं दुबारा देख आई। उसे छूकर कहा—“सारा इन्तज़ार तुम्हें ही मिला विरासत में, हमें नहीं करना पड़ा।” ‘मैडम टुसाड’ के मोम के सजीव पुतले, जिनमें गाँधीजी और पंडित नेहरू भी थे। आश्चर्य और उल्लास और गर्व के साथ इतिहास के पन्ने सामने पलटने लगते थे—जो चले गये हैं उनका जीवन, हमारा इतिहास हो जाता है। ‘ट्रिवोली-गार्डन’ शहर के दिल में नहीं, बसे हुए शहर का दिल जैसा ही लगा था मुझे, 1983 में यह पार्क बच्चों का मन बहलाने के लिए बनाया गया था। ‘एंडरसन’ की कई कहानियों के आधार पर यहाँ बहुत से खेल थे। जगह-जगह आतिशबाज़ियाँ, ‘बैले’ और वाद्य-संगीत के गुट बने हुए थे। यहाँ की हर रात दिवाली की रात जैसी सजी थी। पूरा बाग कार्नेशन (carnation) के फूलों से सजाया जा रहा था। पता चला, उन दिनों कोपेनहेगन ‘कार्नेशन-फेस्टिवल’ मना रहा है।

हम लौटे तो होटल के हॉल में भी कार्नेशन सज रहे थे और वहाँ भी बड़ी भीड़ थी। भाषा की दुविधा के कारण पता नहीं चल रहा था कि क्या माजरा है? क्या हो रहा है? अभी हम ऊहापोह में ही थे कि भीड़ छंटकर बड़ी सभ्यता से रास्ता बनाने लगी और हॉल के लोग बाहर आने लगे। हर किसी के हाथों में फूल थे और फूलों-ढँके रास्ते पर चरण धरते आ रहे थे महर्षि महेश—लम्बे केश, सफ़ेद दाढ़ी इतनी सर्दी में मात्र एक धोती से ढँका शरीर—तेजपूर्ण आँखें। मैं भी कतार

में खड़ी होकर उनके विदाई गीत का स्वर पकड़ने का प्रयास करने लगी। मेरी साड़ी मेरी पहचान बन गई थी। महेश योगी हमारे निकट ठिठके, हाथ उठाकर कहा—"आप भी यहाँ?" "हाँ" मैं नमस्कार में झुक गई थी। भारत के इन महर्षि, महात्माओं के आदर में कितने ही विदेशी वहाँ जमा थे। शाम को टाउन हॉल के निकट हम बैठे थे। वहाँ आगे तक टेढ़ा-मेढ़ा एक पुराना बाज़ार है, यहाँ से आगे गाड़ियाँ नहीं जातीं। पैदल चलकर खरीदारी की जा सकती है। घड़ी ने छः बजाये। मेरी आँखें मरमेड की आँखों में बदलने लगीं। घंटाघर की सीढ़ियों पर एक ही पुरुष था—सफ़ेद बाल, हल्का नीला सूट। मैं उठकर उसी ओर चली। उसने मुझे देखा, बाँहें फैलाकर मेरी ओर तेज़ी से आया। पहचान की कोई परिभाषा नहीं होती।

"ओह मेरी बहन, कितनी बड़ी हो गई है—पूरी लेडी। इतनी सुन्दर साड़ी भारत में मेरी माँ पहनती है या मेरी बहन।"

विवाह के बाद मैं उनसे नहीं मिली थी, परन्तु वर्षों का अन्तराल हमारे बीच व्यवधान नहीं बना था।

मेरे पति और बच्चों को भी उसने, उतनी ही आत्मीयता से अपनी बाँहों में लिया। वार्तालाप निरन्तर चलती रही। घर पर उसकी पत्नी नाडा खाना तैयार कर, हमारी प्रतीक्षा कर रही थी। इतने बड़े आदमी का छोटा-सा फ्लैट था। नाडा दरवाज़ा खोलकर बाहर आई। पतली-सी अधेड़ महिला, मृदु और कोमल मुस्कान से भरकर बच्चों को चूम रही थी। उसकी मुस्कान में कार्नेशन के रंग भरे थे, गुलाबी और काशनी। मुझे लगा, जैसे मैं कोपेनहेगन की जगह अलीगढ़ अपने घर आ गई हूँ। घर के अन्दर अगरबत्ती की गंध भी कितनी अपनी? डॉक्टर भाई ने शैम्पेन खोली। अलीगढ़ की बातें और पुरानी यादें आस-पास फैल गई थीं। कौन कैसा है—पुराना रसोइया, उनका बिस्तर लगाने वाला रामप्रसाद, माँ के हाथ की पूरी-हलवा, आलू के परांठे, खीर—कोई भी स्वाद तो वह नहीं भूला था।

अतीत के अटूट रास्ते से चलकर जैसे अलीगढ़ कोपेनहेगन के पास सरक आया था। तीनों बच्चे काम में हाथ बँटा रहे थे। मैं जब नाडा के साथ रसोई में गई तो कुछ भारतीय अचार, शाकाहारी खाना हमारे लिए तैयार था। डॉक्टर कह रहे थे—"मैं जानता था तुम शाकाहारी हो।" सच, इतने दिन के प्रवास में मैंने पहली बार पेट भरकर खाया। बड़ी बेटी अर्चना ने कहा—"मम्मी जब डॉक्टर अंकल बोलते हैं तो लगता है, जैसे नानाजी बोल रहे हैं।" उसकी आँखों में जुगनू झिलमिला

रहे थे।

छोटी अल्पना बोली–''एक जैसे लोग ही तो क्लिक करते हैं। तभी तो डॉक्टर अंकल की नानाजी से इतनी पुरानी दोस्ती है। मुझे तो कभी-कभी अंकल का चेहरा भी नानाजी जैसा लगता है।''

''अजीब है तुम्हारा ये अपनापन,'' सुशील मुझसे अधिक अपने को समझा रहे थे।

आने से पहले मुझे बच्चों को मनाना पड़ा था कि चलो, यह भी एक प्रकार का अनूठा अनुभव होगा। तुम्हें पता चलेगा कि यहाँ विदेशी कैसे रहते हैं? कैसा खान-पान है, उनका पारिवारिक जीवन कैसा है? वे बहुत कठिनाई से राज़ी हुए थे और अब यहाँ इतने घुले-मिले थे कि अल्पना, अर्चना बिना कहे काम कर रही थीं और सुशील तौलिये से प्लेटें पोंछकर उनकी मदद कर रहे थे। जी चाह रहा था, अनुपम स्नेह के ये पल थमकर यहीं रुक जायें। तस्वीरों में उन्हें कैद भी किया पर कभी कुछ रुका है क्या? डॉक्टर भाई ने कहा-''नाडा से मैंने कहा था, तुम्हें कष्ट होगा। चलो उन सबको होटल में खाना खिला देते हैं, पर नाडा राज़ी नहीं हुई। कह रही थी, प्रायः सभी भारतीय घर में ही अतिथि-सत्कार देते हैं। ये तो अपने ही परिवार के सदस्य हैं। घर में मैं जैसा भी बना पाऊँगी, खा लेंगे। कुमार परिवार को बाहर खिलाना अच्छा नहीं लगेगा।'' मैं शब्द नहीं खोज पा रही थी, नाडा के हाथ दबाकर मैं कृतज्ञता तो जताना चाहती थी पर शब्द नहीं मिल रहे थे। मेरे भरे गले में आवाज़ जैसे गुम हो गई थी। विदा के समय नाडा ने मुझे और बच्चों को उपहार दिये, मेरे बहुत मना करने पर भी वे नहीं माने। कहते रहे–''हमारी बहन हो, पहली बार आई हो, तुम्हारा तो हम पर हक बनता है।''

विशुद्ध भारतीय विदाई थी। मेरी आँखों से टपाटप आँसू बह रहे थे। जलपरी की उदासी झरझर बह रही थी। भाई हमें कार से होटल तक छोड़ गया। उसके लौटकर जाते चेहरे को मैं भरपूर देख लेना चाहती थी। वह जा रहा था–उसके सफ़ेद बाल, झुर्रियोंदार तेजपूर्ण चेहरा–लगता था जैसे दोपहर को देखे अपने भारतीय महर्षि के उस आलोकित चेहरे में एकाएक होता घुलता जा रहा है, वैसे ही, जैसे हर पल कोपेनहेगन अलीगढ़ में बदलता-घुलता जा रहा था। मेरे मन में ढेर सारे 'कार्नेशन' एक रंगीन पुलक भर रहे थे, क्या इसीलिए होते हैं 'कार्नेशन-फेस्टिवल'? रेगो को, महक को पास...और पास ले आने के लिए।

# बर्मा की सरज़मीन–म्यांमार

मुझे याद है जब भूगोल पढ़ना आरम्भ किया था, भारतवर्ष के मानचित्र के साथ जुड़ा हुआ था, बर्मा। जैसा कि होता है युद्ध, बँटवारे, विध्वंस, देश के वास्तविक रूप के टुकड़े ही नहीं कर देते उसकी आत्मा को भी चोट के निशान दे जाते हैं। मानचित्र ही नहीं बदलते, राजनीतियाँ बदल जाती हैं, मनुष्य का मनुष्य होना बदल जाता है, देश विदेश हो जाता है। बर्मा, अब बर्मा नहीं म्यांमार कहलाता है, रंगून, नहीं यानगोन के नाम से जाना जाता है। म्यांमार के बारे में सोचते ही एक अपनापन आस-पास फैलने लगता है। कभी बंगाल से सुप्रसिद्ध लेखक शरत चन्द्र चट्टोपाध्याय के उपन्यासों के बहुत से बर्मावासी चरित्र पास आ खड़े हो जाते हैं, कभी बहादुर शाह ज़फर के शब्द मुझे अपने दर्द-भरे एहसास में लपेट लेते हैं।

*न किसी की आँख का नूर हूँ*
*न किसी के दिल का करार हूँ*
*जो किसी के काम न आ सके*
*मैं वो मुश्ते गुबार हूँ...*

"जो चमन खिजां से उजड़ गया, मैं उसी की फस्ले बहार हूँ"–हिन्दुस्तान के अन्तिम मुगल बादशाह जो कभी आठ पहलू के गंगा-जमुना तख्त 'तख्ते हुमा' पर आसीन हिन्दुस्तान की हुकूमत की बागडोर सँभाले बैठा था, ईस्ट इंडिया कम्पनी की भारत में घुसपैठ के बाद एक देश निकाले का जुर्म और कैद की सज़ा काटने बर्मा की सरज़मीन पर पहुँचा दिया गया था।

"जो बिगड़ गया वो नसीब हूँ–जो उजड़ गया वो दयार हूँ।" मैं मन में एक सपनीली-सी रूमानियत लिये चल पड़ती हूँ। कविता का अन्तहीन फैलाव मेरे साथ है परन्तु मैं उसमें गुम नहीं होना चाहती, विचार के साथ चलो तो असंतुष्टि

ही हाथ लगती है। अतः मैं अपनी सोच के गुबार से निकल कर उस गर्म दोपहरी में यानगोन शहर की सड़कों पर चल पड़ती हूँ—उर्दू कविता के विपरीत, अचानक जैसे अगरबत्ती का धुआँ मुझे घेरने लगा है। हवाओं में कुछ बह रहा है, जिसे मैं सुनना चाहती हूँ—चारों ओर जिधर भी देखती हूँ सुनहरे सफ़ेद पीले-भगवान गौतम बुद्ध की अनेकानेक प्रतिमाएँ छोटी, बड़ी विशालकाय। पवित्र सुगन्ध मुझे एक-दूसरे संसार में ले चलती है। आनन्द संक्रामक है, ज्ञान संक्रामक है—बुद्धत्व की पूर्णता विकासमान है। फैलता चला जा रहा है—अपने को बचा पाने में असमर्थ हूँ—नहीं, मैं स्वयं इस अन्तहीन फैलाव में डूब जाना चाहती हूँ। सड़कों पर धार्मिक जुलूस, प्रार्थनारत, चंदन पुते चेहरे, सात्विक-सा वातावरण बुनते हैं। हवाएँ सरसराकर कानों में कह जाती हैं—

*बुद्धम् शरणम् गच्छामि*
*धम्मम् शरणम् गच्छामि*
*संघम शरणम् गच्छामि*

मन में आनन्द के साथ शून्यता घनी होती है, अपने ही मौन में इस देश की विविधता के इस नये रूप को भीतर समो लेना चाहती हूँ। मेरी मित्र मेरे मौन को बेधती बहुत कुछ बता रही है। बुद्ध धर्म के अतिरिक्त यहाँ अनेक धर्मी लोग भी हैं, हिन्दू, मुसलमान, ईसाई अनेक जातियाँ हैं—'काचिन', 'कयार', 'छिन', 'राखीन' आदि उतनी ही भाषाएँ यहाँ प्रयोग में आती हैं और सभी को अपने धर्म को मानने, निभाने की स्वतन्त्रता है। मैं जितना जाने का प्रयास करती हूँ, मुझे लगता है म्यांमार को अद्भुत-सा यह रूप प्रदान करने का श्रेय अस्सी प्रतिशत बुद्ध-धर्म के अनुयायियों को जाता है। म्यांमार की आत्मा में बुद्धत्व बसा है, आश्चर्य होता है कि जो इच्छाएँ उलझन हैं, जानते हुए भी हम उन इच्छाओं से रिक्त नहीं होते। म्यांमार-वासी कैसे इतने भिन्न हैं। इच्छा विहीन, साधारण, बनावट से दूर आचार-विचार में एक सादगी जीते हुए। अपनी विरासत में बेशकीमती खनिज पदार्थ ही नहीं, एक महान सांस्कृतिक परम्परा संजोये हुए म्यांमार अपने प्रेम और अतिथि-सत्कार के लिए प्रसिद्ध है। भारत के समान ही बर्मा ब्रिटिश राज्य के अधीन था, 1938 में स्वतन्त्र हुआ और सन् 1989 में बर्मा का नाम बदलकर म्यांमार कर दिया गया। भौगोलिक रूप से यह साउथ ईस्ट एशिया का सबसे बड़ा देश है और सदा ही पर्यटकों के आकर्षण का केन्द्र रहा है। विदेशी लेखकों ने इसके सौन्दर्य से अभिभूत होकर बहुत कुछ

लिखा भी है। राल्फ विच ने इसे ''विश्व का सबसे खूबसूरत स्थान'' कहा, किपलिंग ने इसे ''वेकिंग, विंकिग, वंडर(नींद से जागता, पलकें झपकाता अजूबा)!'' कहा। स्वैडागोन पगोडा के सन्मुख खड़े होकर अमरीका के उपराष्ट्रपति श्री निक्सन ने ''मनुष्य निर्मित एक अद्भुत यादगार'' कहकर अपनी श्रद्धा के सुमन चढ़ाए और अमरीका के एक न्यायाधीश ने इसे ''ए पिरामिड ऑफ फायर'' (अग्नि का पिरामिड) कह कर दाँतों-तले उँगली दबा ली। कौतूहल-भरे हृदय से गर्मी के प्रकोप और दोपहरी की चिलचिलाती धूप की चिन्ता किये बिना हम ''स्वैडागोन पगोडा'' की अनगिनत सीढ़ियों के निकट आ खड़े होते हैं। एक पिघलता सुनहरा आभास हमें घेर लेता है। चुंधियाई आँखों से हम उसके गर्वित रूप के दर्शनार्थ वह सारी सीढ़ियाँ एक ही साँस में चढ़ जाते हैं। जैसे एक बेबस पुलक, एक पूजित-सा भाव उड़ाये लिये जा रहा था हमारे शरीर को। बड़े-से चबूतरे पर नंगे पैर चलते ही सामने विशालकाय सोने का चमचमाता गोल गुम्बदाकार पगोडा अपने समूचे गौरव के उन्नत सिर उठाये खड़ा था। ऐसा लगता था जैसे स्वयं साक्षात सूर्य धरती पर उतर कर इस विशाल चबूतरे पर पालथी मारे बैठा है। अचानक लगता है, अरे, यह है, इसका विश्रामस्थल? यहाँ है? हम तो इसे आकाश मार्ग से आता-जाता देखते थे। जैसे असीम आकाश में समोहित अनन्तानन्त (इनफाईनाइट) सूर्य को यहाँ की धरती ने समोहित कर लिया था। श्रद्धा से कंपित मन शरीर, वास्तविकता एक-दूसरे को सहेज कर बाध्य कर रही थी कि विचार तर्कयुक्त संसार में ले चलें। चारों ओर से आते मन्त्रों के स्वर-छोटी-बड़ी घंटियों के स्वर सहज होने में सहायक थे।

फूलों की दुकान पर ठिठक कर फूल खरीदने का मन होता है। श्रद्धा के सुमन विशाल के सन्मुख सूक्ष्म-सा समर्पण। यहाँ मालाएँ नहीं हैं, फूल लम्बी डंडियों पर टिके हैं। ताकि लम्बे फूलदान में लगाये जा सकें। यही नहीं कागज़ की बनी विभिन्न आकारों की कुछ सफ़ेद-रंगीन छतरियाँ भी हैं। हर छतरी एक इच्छा का प्रतीक है—परमात्मा की सत्ता से तो कुछ भी माँगा जा सकता है। धन-दौलत-ऐश्वर्य और शारीरिक सौन्दर्य—हमारी गाइड बताती है—सब कुछ भौतिक। नहीं, मैं सोचती हूँ, अनेकानेक विशालकाय बुद्ध प्रतिमाओं के समीप खड़े होकर फूल अर्पित करते अगरबत्तियाँ जलाते-मन्त्रों के निर्मित स्वर जाल में उलझते मैं भौतिकता, बाहरी प्रतीक—सबसे जैसे छूटती जा रही थी। नहीं मुझे तो हे प्रभु, सन्तोष और शान्ति प्रदान करें कि मैं अपनी प्रतीक्षा की झोली में तेरे नाम के फूल बँटोरती ध्यान की

विभूति लगाये तुझ में ही मग्न हो जाऊँ। इस प्रखर स्वर्णिम प्रभाव से भीतर का अँधेरा छंट रहा था जैसे। पर संसार खींचता है, समय बाँधता है, मैं चलती जाती हूँ, स्वर्ण पगोडा के बाद चाँदी का पगोडा या फिर लोहे और ईंटों का बना पगोडा, टीन से बना पगोडा, संगमरमर का बना पगोडा। इसके रूप, आकार, सज्जा विविधताएँ हमें दाँतो-तले उँगली दबाने को विवश करती हैं। एक दीवार पर भित्तिचित्र है, पता चला है कि बर्मा के एक भक्त सौदागर का भगवान बुद्ध से साक्षात्कार हुआ था। बुद्ध ने उसे अपने आठ बाल दिये थे, उन आठ बालों को श्रद्धापूर्वक लाकर सुनहरे पगोडा के भीतर समाधिस्थ कर दिया गया था। यही नहीं भगवान की कुछ और प्रयोग में आने वाली वस्तुएँ भी साथ ही रख दी गई थीं। मुख्य स्वर्ण पगोडा के मुख्य स्थल पर बुद्ध की अनेक प्रतिमाएँ हैं छोटी-बड़ी स्वर्णिम। पूजाओं, प्रार्थनाओं से गुंजरित होती हुई। एक स्थान पर सात पिंड हैं–लोग उन पर जल चढ़ा रहे हैं–प्रत्येक पिंड सप्ताह के एक दिन का प्रतीक है। अपने जन्म के दिन पर जल चढ़ाकर शुद्धि प्राप्त करने जैसा भाव। मन्त्रों के पाठ से गुंजरित वातावरण में सिर मुंडाए संन्यासी-उनके केसरिया वस्त्र, क्या ये औपचारिकता है या असामाजिक कृत्य? गैरिक वस्त्र बाहरी प्रतीक है या इनका भीतर भी रंगा जा चुका है, पता नहीं? परन्तु उनके शान्त चेहरे उन्हें अवश्य इस संसार की सांसारिकता से अलग कर रहे थे। बहुत-से छोटे-छोटे बच्चे सजे-धजे मुकुट पहने एक साथ अपने परिवारवालों के साथ एक जुलूस-जैसी मुद्रा में चल रहे थे यहाँ पर ये प्रथा है कि बच्चों को कुछ वर्ष सिर मुड़ाकर संन्यास-जैसी अवस्था में रहना होता है, हो सके तो गैरिक वस्त्र भी पहनने होते हैं। पुरातन काल में भारत में भी आश्रमों, गुरुकुलों में शिक्षा प्राप्त करने की यही प्रथा थी, आश्चर्य हुआ आज भी यह प्रदेश उस गरिमामयी प्रथा के अनुशासन को जी रहा है, शायद यही है उनके भक्तिपूर्ण व्यक्तित्व और असाधारण मानसिकता की आधारशिला।

प्यास लगने पर हम एक स्टैंड पर टिके तीन घड़ों के निकट जा पहुँचते हैं। हमारी बर्मा की मित्र बताती हैं–"इन मिट्टी के पात्रों को 'याय-सान-ज़िन' कहते हैं–'याय' का अर्थ है जल, 'सान' का अर्थ है शीत, 'ज़िन' का अर्थ है स्टैंड।" पानी ठंडा था। पीते समय हमारी मित्र बताती हैं–"म्यांमार के निवासी बहुत उदार हृदय हैं और दान में बहुत विश्वास करते हैं। मात्र देने में विश्वास करते हैं।" बौद्ध धर्म में उदारता को ही 'दान' कहते हैं–'दान' पाली भाषा से आया है–दान

तो बुद्ध धर्म की एक विधा है, जिसके साथ दस और व्यावहारिक विधाओं को निभाना आवश्यक होता है। बुद्ध धर्म में दान को भी बहुत महत्त्व दिया गया है—दान दो तो समूचेपन से—सांसारिक वस्तुएँ—धन-राज्य-अपने सभी नाते-रिश्तेदार पत्नी या बच्चे कुछ भी—अपने शरीर के अंग भी। शहर के अन्य पगोडा में घूमते-घूमते एक ऐसे ही 'दान' की मूर्ति के निकट कदम ठिठकते हैं। हाथों की अंजलि में अपने दोनों वक्ष काटकर भगवान को अर्पित करने की मुद्रा में बैठी वह स्त्री, हृदय में अजीब-सी सिहरन भरती है। 'दान' की कोई सीमा नहीं, दान शुद्ध है, बिना किसी शर्त के—'माँग' मिट जाती है तभी शायद 'दान' दिखाई देता है। एक पगोडा में भगवान बुद्ध विश्राम की मुद्रा में लेटे हैं उनके विशालकाय चरणों पर खुदे हैं चक्र, शंख, वक्राकार अनेक रेखाएँ—मनुष्य के शरीर में विभिन्नता की महानता के लक्षणों का प्रतीक। शायद इसलिए कि उन्हें देखकर लगता है कि मन की कोठरी में भीतर के वार्तालाप को तोड़ा जाये, जानने के लिए 'वह ज्ञान' जो बुद्ध का लक्ष्य था।

विचारों के पास कोई उत्तर नहीं होता, विचार एक प्रकार की उलझन है, नशा है। मैं कबूतरों से भरे रास्ते से गुज़रकर हिन्दुस्तान के आखिरी बादशाह बहादुर शाह ज़फ़र, जिनका पूरा नाम अबू ज़फ़र सिराजुद्दीन मुहम्मद बहादुर था की मजार की ओर चल पड़ती हूँ। मज़ार प्रतीक है या नियति एक बादशाह के कवि हृदय होने का, अव्यावहारिक होने का या देश-निकाले के दुःख का। शरीर के रक्त में हल्का-सा विचारों का आंदोलन जन्म लेता है। इतिहास के पन्ने पलटकर खुद-ब-खुद जैसे सजीव हो उठते हैं विचार। गंगाजल को 'आबे-हयात' मानकर पीने वाला बादशाह अबू ज़फ़र दिल्ली के तख्त पर बैठा है, उम्र है बासठ साल—ईस्ट इंडिया कम्पनी के 'टामस मैटकाफ' को एक सौ बीस अशर्फियाँ नज़र की। पर 'तख्ते-हुमा' अंग्रेज़ी सियासत को, बर्दाश्त न हुआ। बस बादशाह को तख्त से उतारने की कवायद शुरू हो गई। 14 सितम्बर, 1857 को अंग्रेज़ों की फौज़ दिल्ली शहर में दाखिल हो गई। अराजकता, खून खराबा चलता रहा और बादशाहत की नींव तोड़ दी गई। अंग्रेज़ों को डर था कि अगर बादशाह ज़फ़र फरार हो गये, तो आज़ादी की जंग उनके झंडे-तले जारी रहेगी, ज़फ़र हिन्दुस्तान की आज़ादी के 'जय चिन्ह' बन गये थे। 'मेजर हडसन' ने उन्हें गिरफ्तार कर कुछ दिन दिल्ली में ही कैद रखा जहाँ मजबूरी और बेबसी के आलम में बादशाह मुकद्दमे लड़ते रहे पर कामयाब नहीं हुए। फाँसी भी उन्हें नहीं दी गई, फाँसी देने का अर्थ था उन्हें इन्कलाब का हीरो

बना देना, जो शायद ज़फ़र के लिए फ़ख्र की बात होती, उनकी इज़्ज़त अफज़ाई होती। पर अंग्रेज़ उसकी जगह 'जिला-वतनी' या देश-निकाले की सज़ा सुनाकर हिन्दुस्तान की सरज़मीन से मुगलिया खानदान का नामोनिशान मिटा देने में कामयाब हो गये। परिणामस्वरूप बादशाह ज़फ़र एक फौजी बटालियन के साथ अपने परिवार के लोगों तथा अन्य खिदमतदार-ग्यारह लोगों के दस्ते के साथ दिल्ली को हमेशा के लिए अलविदा कहने को मजबूर हो गया। 7 अक्तूबर, 1858 को मुगलिया सल्तनत के आखिरी ताजदार-सियासी कैदी का खिताब हाथ में थामे दिल्ली से रुखसत हो गये। लेफ्टिनेन्ट ओमेनी की निगरानी में। ये दस्ता–इलाहाबाद, कलकत्ता, डायमंड हारबर होता हुआ स्टीमर पर सवार हो रंगून के लिए चल पड़ा। इस बीच लेफ्टिनेन्ट ओमेनी ने एक डायरी लिखी और सारी यात्रा का हाल अंग्रेज़ी सरकार को पहुँचाया गया। 9 दिसम्बर को वह शाही कैदी रंगून की सरज़मीन पर उतार दिया गया। जिस मकान में बादशाह उनकी बेगम ज़ीनत महल, बेटे जवां बख्श और दूसरे लोगों को ठहराया गया, वह चार कमरों का छोटा-सा मकान था। वह बादशाह जो मुश्क जाफ़रान, केवड़े की महक और सोने-चाँदी के वरक में लगा खाना खाता था–'जानुपोश' (नैपकिन) और 'दस्तपाक' (तौलिया) जैसी नफासत का जीवन जीता था, एक लाख रुपया महीना जिस पर खर्च होता था वहाँ वह बादशाह सिर्फ़ ग्यारह रुपये में खरीदे ऐशो आराम को जी रहा था। नैल्सन डेविस नाम का अंग्रेज़ अफ़सर ज़फ़र की देखभाल को तैनात था। ज़फ़र को कागज़ कलम–कोई नगद पैसा कुछ भी ही नहीं दिया जाता था। बुढ़ापे और मुसीबतों में जो हालात वह झेल रहा था, वे किसी के लिए भी जानलेवा हो सकते थे। ज़फ़र की ज़िन्दगी की शमा भी फड़फड़ाने लगी। उनके आखिरी चंद रोज़ कैसे गुज़रे वह नैल्सन डेविस की डायरी के पन्नों पर लिखे गये। उसका रोज़नामचा इस बात का गवाह है कि ज़फ़र ने उस दर्दनाक ज़िन्दगी से कैसे अपना दामन छुड़ाया। ''रंगून बृहस्पतिवार, 6 नवम्बर, 1862 ।'' वह डायरी में इस प्रकार दर्ज किया गया है–

'अबू ज़फ़र की हालत पर फालिज का असर है, बज़ाहिर है कि वो डॉक्टरों के हाथ से निकले जा रहे हैं। उनकी आखिरी आरामगाह के तौर पर जो जगह मुकर्रर की है मैंने उसके करीब ईंटें और गारा इकट्ठा करने का हुक्म दे दिया–रंगून जमा, 7 नवम्बर, 1862।'

'अबू ज़फ़र सिराजुद्दीन मोहम्मद बहादुर शाह आज सुबह पाँच बजे इंतकाल

फरमा गये। चूँकि तमाम तैयारियाँ मुकम्मल थीं इसलिए आज ही चार बजे मेन गेट के पीछे ईंटों की कब्र में उन्हें दफन कर दिया गया। कब्र की ऊपरी सतह मिट्टी डालकर ज़मीन के साथ हगार कर दी गई। मरहूम को दफनाने के लिए एक मुल्ला की खिदमत हासिल की गई। जनाज़े को एक संदूक में रखकर ऊपर से सुर्ख रंग की सूती चादर से ढँक दिया गया। शाही खानदान के दूसरे लोगों, बच्चों और बेगमात को जनाज़े में शिरकत की इजाज़त नहीं थी।'

डायरी या रोज़नामचा के पन्ने समाप्त हो गये थे और मैं देख रही थी कि इस बेहद मामूली हाल में एक मज़ार खामोशी की नींद में सोया है। सस्ती रंगीन चादर आँखों को चुभ रही है। दीवार पर अबू ज़फ़र का चित्र टँगा है। 1526—में पानीपत के मैदान में इब्राहिम लोदी को बाबर ने शिकस्त दी थी तब से 1857—बहादुरशाह ज़फ़र तक, सवा तीन सौ बरस की मुगलिया मुद्दत हिन्दुस्तान की उस तहज़ीब की तरक्की का ज़माना थी, जिसे हम हिन्दुस्तानी मुगल तहज़ीब कहते हैं। बहादुरशाह ज़फ़र की उर्दू शायरी इसी तहज़ीबी दस्तावेज़ का एक रोशनदान है। तहज़ीब का खमीर आम इन्सानी ज़िन्दगी से उठता है लेकिन उसकी सजावट समाज की फिज़ा में होती है। और बहादुरशाह ज़फ़र उसे सीने से दबाये इस अनजान धरती पर बेबसी की नींद सोया है या क्या जाने उसकी रूह एक तड़प में कैद है।

गौतम बुद्ध की पवित्र भूमि पर, मुगलिया तहज़ीब और शायरी के इस अन्तिम दीपक की बुझी हुई शमा मुझे बेचैन कर देती है। विचारधाराएँ घेरती हैं, विचार सबके अपने-अपने होते हैं और उनसे मुक्त हो पाना कितना कठिन है। विचारधाराएँ शायद समाज के चेहरे पर पड़ा हुआ एक झीना पर्दा हैं और यह पर्दा धीरे-धीरे उठ रहा है। मैं प्रयास करती हूँ कि विचारधाराओं के अतीत से निकल कर वर्तमान में पैर रखूँ कि यथार्थ को और पास से देख सकूँ।

विचारधारा यथार्थ और आदर्श के फर्क को जानती है और वर्तमान है कि यथार्थ को यथाशक्ति बदलना चाहता है। होटल के टेलीविज़न पर एक मधुर-सा चेहरा बार-बार उभरता है, जिज्ञासा जागती है, कौन है यह? म्यांमार में श्रीमती आंग सान सू को वह स्थान प्राप्त है जो महात्मा गाँधी या नेल्सन मण्डेला ने अपने-अपने देश में अर्जित किया है। गाँधीजी जहाँ सत्य, प्रेम, करुणा के प्रतीक पुरुष के रूप में विश्व में सम्मानित हैं, मण्डेला दक्षिण अफ्रीका की वास्तविक स्वतन्त्रता के लिए

सैंतीस वर्ष तक जेल का यातनापूर्ण जीवन जीने वाले अद्‌भुत योद्धा के रूप में प्रतिष्ठित हुए हैं। वहीं 'सू' बर्मी जनता की मुक्ति के लिए अपने ही देश की फौजी हुकूमत के विरुद्ध संघर्षरत एक अदम्य-धैर्यवान महिला हैं। उनका प्रेम इतना आस्थावान है कि विध्वंस में भी सृजन ला सकता है। यह जानकर अच्छा लगता है कि 'सू' दिल्ली के श्रीराम कॉलेज से शिक्षा पाकर गई हैं। 'ऑक्सफोर्ड विश्वविद्यालय' में पढ़कर वह युवा विद्वान माइकेल एरिस से विवाहित हैं। कुछ वर्ष तक एक पत्नी और स्नेहमयी माँ के रूप में इंग्लैण्ड में रहने के बाद जब वह अपनी बीमार माँ से मिलने 1980 में म्यांमार पहुँचीं तो अचानक अपने देश की दुर्दशा—मानव अधिकारों से वंचित जनता ने उनके कदम रोक लिये। जब वह दो साल की थीं उनके पिता की हत्या कर दी गई थी। उनके भीतर एक स्वतन्त्रता सेनानी का रक्त दौड़ रहा था। अतः लोकतन्त्र की बहाली के लिए छात्राओं के आन्दोलन के नेतृत्व के कारण बहुत-से संघर्ष हुए और बहुत-से लोग जेल में ठूंस दिये गये। इस बीच 'सू' की माँ का भी स्वर्गवास हो गया। 'सू' को अकेले अपने ही घर में नज़रबन्द कर दिया गया, माँ का घर कारागार हो गया। छः वर्ष की इस कैद को बहुत-से पुरस्कारों से सम्मानित किया गया। जिसमें 1992 को 'नोबेल शान्ति पुरस्कार' मुख्य है। संघर्ष अभी चल रहा है। 'सू' के बहुत से साथी हैं जो लोकतन्त्र चाहते हैं। म्यांमार भाषा में 'सू' का अर्थ है ''अद्‌भुत विजयों की मंशा'' और म्यांमार जनता को विश्वास है उनके अधिकारों की इस जंग में 'सू' अवश्य ही विजयी होंगी। 'सू' के घर के आगे उनके प्रशंसकों का तांता लगा रहता है। विचारधारा का सबसे बड़ा विरोधाभास यह है कि वह व्यक्तियों तथा समाज को तो बदलना चाहती हैं, लेकिन अपने में परिवर्तन नहीं लाना चाहतीं। अजीब स्थान है यह, जैसे शहर नहीं प्रेम भाव है, उसमें रमते चले जाने को जी चाहता है। भीड़ में खड़े होते हैं तो लगता है बिलकुल अकेले हैं जैसे कोई कैद हो, जब अकेले खड़े होते हैं तो प्रतीत होता है भगवान बुद्ध का अस्तित्व चारों ओर से घेर रहा है। पगोडाओं की स्वर्णिम किरणें लपेट रही हैं। अनायास ही कानों में कोई फुसफुसाता है—

*लगता नहीं है जी मेरा उजड़े दयार में*
*किसकी बनी है आलमे न पायदार में*
*उमरे दराज़ से माँग कर लाये थे चार दिन*
*दो आरज़ू में कट गये दो इन्तज़ार में*

*कह दो इन हसरतों से कहीं और जा बसें*
*इतनी जगह कहाँ है दिले दागदार में*
*कितना है बदनसीब ज़फ़र दफन के लिए*
*दो गज़ ज़मीन भी न मिली कूए यार में...*

एक फड़फड़ाता कबूतर मेरे कन्धे पर बैठ रहा है। मुझे लगता है उसने मेरे चेहरे पर बहते आँसू देख लिये हैं। रंगून और म्यांमार से विदा लेते क्षण मैं उसे साथ ले जाना चाहती हूँ, लेकिन वह हाथों से फिसल जाता है। शायद कह रहा है—"जो चमन खिजां से उजड़ गया, मैं उसी की फस्ले बहार हूँ..."

# मेरी चेतना का शहर–बग़दाद

उन दिनों हमारी कम्पनी ईराक में कुछ इमारतें बनाने के लिए अनुबद्ध हुई थी ईराक की राजधानी बग़दाद में हमें एक अनाज रखने का 'साइलो', एक 'एम्यूनिशन फैक्टरी' और एक बहुत बड़े 'पार्किंग-एरिया' की संरचना करनी थी। यह पहला अवसर था जब हमारी कम्पनी बाहर के किसी देश में कार्य करने के लिए अपने कदम बढ़ा रही थी। सुशील बराबर बग़दाद आते-जाते रहते थे, इस बार मैंने भी ज़िद पकड़ ली साथ जाने की, परन्तु सुशील का मन नहीं था। उनकी दलील थी कि अपनी व्यस्तता के मध्य वह मुझे समय नहीं दे पाएँगे, परन्तु मुझे तो जाना ही था।

मेरा ऐसा मानना है कि समय के अनवरत बहाव में जो पल हाथ आ जाये, अपना हो जाये, वही सार्थक है। समय के जिस अंश को जी सकें, जी लेने का उपक्रम करना चाहिए। *यजुर्वेद* में भी तो कहा गया है, ''समय अनागत के बीजों से कालातीत है, ज्योतिपिंड उसके चक्र हैं, समय ने ही द्युलोक को उत्पन्न किया है, उसी ने पृथ्वी को जना है। समय ही अपने सूत्र से विगत को अनागत तक खींचता है। समस्त भूत समय की क्रोड में है, समय की परिधि में ही चक्षु बाहर देखता है।'' 'समय-सूक्त' में बँधी सृष्टि की एकता और अपनी क्षण-भंगुरता मुझे एक ज़िद की देहरी तक पहुँचा गई थी, फिर उसके सम्मुख सुशील को हार माननी पड़ी।

बग़दाद की फ्लाइट रात के समय चलती थी, सुबह की पहली किरण के साथ-साथ हम भी बग़दाद की धरती पर अपने कदम रखकर चल पड़े थे। बग़दाद के हवाई अड्डे को देखते ही मेरा विदेश यात्रा का फितूर जैसे मुरझाने लगा था–ऐसा प्रतीत हो रहा था जैसे विदेश नहीं, लखनऊ या कानपुर जैसे किसी हवाई-अड्डे पर

गलती से उतर गये हैं। हवाई अड्डे पर कोई भी आधुनिक सुविधा उपलब्ध नहीं थी, अतः सामान आने में घंटों बर्बाद हुए और अन्त में जब हम बाहर आये तो मन को सहलाती सुबह की बयार भी, उगते सूर्य के प्रभाव से, गरमाने लगी थी हमने अपने सहयात्रियों को अपनी भाषा में 'शुक्रन' और 'विदा' कहा और दफ़्तर से आई कार में बैठ गये।

जैसा कि होना था, सुशील दफ़्तर के लोगों के साथ कामकाजी वार्तालाप में व्यस्त हो गये और मैं, शहर को जानने के लिए, अपनी आँखों को उस रास्ते पर ले चली जहाँ बग़दाद शहर की बस्तियाँ, घर और उसके निवासी रहते हैं। रास्ते चलता शहर बड़ा सादा-सा था, अधबना और बेतरतीब फैला हुआ। बग़दाद 'टिगरिस' और 'फ़रात' नदियों के मध्य स्थित है। बग़दाद को 'अल-जजीरा' या टापू भी कहते हैं। यहाँ आने से पहले मेरे मन में बग़दाद की आकृति की एक कल्पना थी, एक छायाचित्र-जैसा था, जिसे बचपन से लेकर अब तक मन में संजो रखा था। बस, एक स्वप्निल-सी कल्पना थी कि बग़दाद रेत के ढेर सारे टीलों के बीच में बसा एक रेगिस्तानी छोटा-सा शहर होगा। बग़दाद के निवासी 'अरेबिअन नाइट्स' जैसी पोशाकें पहने होंगे, ऊँट पर जाते हिलते-हिलाते काफिले होंगे, तिलिस्मी से, अपनी-अपनी रंगीनियों में सजे-धजे। गधे पर चढ़े किसी अलीबाबा, खंजरी बजाती, नृत्य करती कोई मरजीना, आकर मेरे पास बैठ जायेगी, परन्तु वैसा यहाँ कुछ नहीं था। ऊँट तो थे पर काफिले नहीं थे, यहाँ के अधिकतर निवासी आधुनिक वस्त्र पहने हुए थे और अधिकतर स्त्रियों के शरीर पर बुर्के नहीं थे, उनके चेहरे पर कोई नकाब नहीं था, अलबत्ता वह बहुत आधुनिक फैशनपरस्त नज़र आ रही थीं। उन्होंने चेहरों पर ढेर सारा मेकअप भी थोपा हुआ था और उनके वस्त्र पाश्चात्य फैशन के सिले हुए थे। आधुनिकता की गहरी छाप थी उनकी चाल-ए-ढाल में भी, ऊँची ऐड़ी के सैंडल और लहराती हुई गति जैसे उनमें जन्मे आत्मविश्वास की द्योतक थी।

थोड़ा-सा आराम करने के बाद सुशील ऑफ़िस के लिए तैयार होने लगते हैं, मुझे क्या करना है यह मेरी समस्या है। चलने से पहले उन्होंने मुझे साफ़-साफ़ बता दिया था कि अपनी देखभाल मुझे खुद करनी पड़ेगी। सुशील चले जाते हैं, मैं सारी रात की थकन और उनींदेपन से बोझिल आँखें लिये चुपचाप लेटी रहती हूँ। सारी स्थिति मेरे सामने है, यहाँ आने की आवश्यकता क्या थी, सवाल मैं अपने-आप

से पूछती हूँ। अपनी अन्य सहेलियों की तरह यात्राएँ न कर पाने का जो दुःख मैं दिल्ली में अनुभव कर रही थी, वह कम तो अवश्य हुआ था परन्तु ऐसा कौन-सा सुख था जिसे तलाशने मैं इस रेगिस्तानी धरती पर कदम-ब-कदम चल पड़ी थी। आनन्द की अवस्था क्या इतनी भिन्न है? आनन्द क्या तब प्राप्त होगा, जब मैं आवश्यकताओं की परिधि से मुक्त हो जाऊँगी? परन्तु नहीं, मैंने अपने-आपको झकझोरा नहीं मैं आनन्द को इसी धरती पर खोज निकालूँगी, फूलों में, यहाँ की प्रकृति के नयेपन में, यहाँ के निवासियों के नयेपन में, इस धरती की अर्थ-शून्यता में, संगीत में या काव्य में।

मेरी सोच मुझमें ऊर्जा भरती है, जल्दी से तैयार होकर मैं कमरे से बाहर आ जाती हूँ। एक तंग गलियारा लाँघकर मैं होटल की लॉबी तक पहुँचती हूँ। मेरी साड़ी मेरी पहचान बनाती है, लोग देखते हैं, मुस्कुराते हैं, अरे, मैं अकेली कहाँ हूँ, इतनी ढेर सारी मुस्कुराहटें जो साथ हैं मेरे, सब तो हैं, इतना बड़ा जनसमूह...लॉबी में थोड़े-से सोफ़े पड़े हैं, मेज़-कुर्सियाँ लगी हैं और एक कोने में टेलीविज़न चल रहा है, जिसमें एक आधुनिका मुस्तैदी से अरबी में समाचार सुना रही है।

मैं डाइनिंग रूम तक जाती हूँ परन्तु वहाँ मेज़ों पर दोपहर के भोजन की तैयारी आरम्भ हो गई है। अतः मैं कॉफ़ी-शॉप के एक एकान्त कोने में बैठ जाती हूँ। कॉफ़ी-शॉप और डाइनिंग हॉल के बीच एक छोटी-सी खुली जगह है। वहाँ ऊपर से सूर्य की रोशनी आने के लिए खुला स्थान है जो दोनों कमरों में उजाला भरता है। इस खुले भाग को बड़े मजबूत और साफ़-सुथरे शीशों से घेरकर नन्हा-सा चिड़ियाघर बना दिया गया है। बहुत सुन्दर सुनहरे पिंजरे विभिन्न ऊँचाइयों पर लटके हैं, उनके दरवाज़े खुले हैं, कुछ सूखे पेड़ों के कलात्मक शाखायुक्त तने भी यहाँ-वहाँ सफ़ाई से गढ़े गये हैं, उनकी पत्तीविहीन शाखाओं पर प्लास्टिक के फूल-पत्ते सजाये गये हैं। थोड़ी-सी रंग-बिरंगी चिड़ियाँ, एक सुस्त-सा काकातुआ उन शाखाओं पर बैठे हैं, कोई चहचहाहट नहीं है। यदि है भी, तो वह, उस मुक्त कैद के भीतर ठहर गई है। चिड़ियाँ मुझे आकर्षित करती हैं, मैं उनको देखती रहती हूँ। कभी उन्हें पिंजरे के खुले द्वार के भीतर जाते, कभी बाहर आते—कभी काँच की दीवार से टकराकर फड़फड़ाते।

''कॉफ़ी''—एक चुस्त-सा बैरा अपने मैले दाँतों की मुस्कान के साथ मेरी ऑर्डर

की हुई कॉफ़ी मुझे दे जाता है। हमारे भारत के नौकर-छाप, मुर्दनी-भरे चेहरे,... बुझे-बुझे। मेरे मस्तिष्क में एकाएक सरसराते हैं। बिल पर हस्ताक्षर करके मैं बाहर आ जाती हूँ। एक अजनबी सड़क, शोर से भरी सड़क, सामने फैल जाती है। मैं चुपचाप चलती हुई उस सड़क से पहचान बनाती हूँ। मुझे लगता है, शहर को जानने की यही अच्छी कला है, उसकी हवा में खुलकर साँस लो, पैदल चलकर उड़ती उसकी मिट्टी को शरीर पर छा जाने दो। ऐसे में भीड़ में छूकर-टकराकर वहाँ के निवासियों का स्पर्श भीतर एक अनुभूति-सी उपजा जाता है।

पूरा शहर साधारण-सा है। बहुत-सी नयी इमारतें बहुत तेज़ी से सिर उठा रही हैं। हर बनती हुई बिल्डिंग पर विदेशी कम्पनियों की नाम-पट्टिका है। पुराने टूटते-ढहते घर अपना अस्तित्व खो रहे हैं। नयी सड़कें, नये पुल, नये होटल, ऑफ़िस सभी कुछ आकार ले रहे हैं, शायद यह समय बग़दाद के आधुनिकीकरण का है।

चुपचाप एक सड़क से पहचान बनाती मैं चलती चली जाती हूँ। बाज़ार-बाज़ार होते हैं, जिनके रिश्तेदार अपनेपन को छूकर भी अलग खड़े हो जाते हैं—सुपर बाज़ार, बाल कटवाने का सैलून, कपड़ों की दुकानें, खिलौनों की दुकानें। मैं एक संगीत की दुकान में घुस जाती हूँ। बच्चों ने एक लिस्ट दी थी, उसमें कुछ अंग्रेज़ी गानों के टेप खरीदने की भी फरमाइश थी। भाषा की दुविधा के कारण बहुत तो नहीं पर दो-तीन टेप मैं खरीद लेती हूँ। मैं चाहती रही कि यहाँ के कुछ अच्छे टेप लूँ, पर मुझे वे समझते नहीं हैं। भाषा का उदय प्रश्न पूछने के लिए हुआ होगा, प्रश्न के लिए भाषा का सहारा अनिवार्य है, उत्तर तो संकेतों में दिये जा सकते हैं। यहाँ प्रश्न और उत्तर संकेतों के सहारे ही उपजते रहे।

खैर, मैं बाहर निकल आती हूँ और उसी सड़क पर फिर चलती हूँ। तभी दूर कहीं एक बहुत ऊँची क्रेन-जैसी दिखाई पड़ती है जिसके अन्तिम छोर पर एक नाम-पट्टिका लगी है जिस पर लिखा है 'अंसल'। क्रेन निरन्तर घूम रही है, कार्यरत है और उसके साथ घूम रहा है वह नाम यहाँ विदेश की इस धरती पर पताका-सा फहराता हुआ। नितान्त अजनबी यह शहर अपना लगने लगता है। जिसकी संरचना में अपने हाथों का योगदान है। मुझे लगता है, जैसे मेरा सारा शरीर रोमांचित हो आया है, जैसे यह शहर मुझे अपनी उष्ण उँगलियों से छू रहा है।

"सो गईं तुम"—सुशील मुझे उठाते हैं। मैं हड़बड़ाकर उठती हूँ। मैं पता नहीं कब लौट आई अपने कमरे में...

"खाना खाया तुमने?"

"नहीं, पर आप कब आये..."

"बस अभी, और तुम बाहर गई थीं क्या, खाना क्यों नहीं खाया...?"

"अब खा लेते हैं, आपके साथ..." मैं अपने कर्मठ, कर्मयोगी पति की ओर देखती हूँ, इतनी दूर अनजान शहर में अपने नाम की ही नहीं, भारत की, अपने देश की कीर्ति-पताका फहराते, कार्यरत हैं। मुझे लगा जैसे वह तनी हुई नाम-पट्टिका मुस्कुराकर कह रही हो, "हम अकर्मठ नहीं हैं, संसार की इस दौड़ में हम भी हमसफ़र हैं, कदम-कदम साथ चलते हुए।"

"क्या देख रही हो..." सुशील कहते हैं।

"कुछ नहीं...।"

मैं तो मात्र सम्बन्धों को ही अहम बनाकर जीना चाहती थी, मैं केवल पानी पर आकृतियाँ बना रही थी और सुशील पत्थर तराश रहे हैं। पत्थर पर बनी आकृति टिक जाती है, पानी और आकाश पर खींची आकृतियाँ मिट जाती हैं, शून्य में विलीन हो जाती हैं। मैं भावनाओं के शून्य को बड़ा बनाकर उन पर क्रोध करती रहती थी। मुझे अपने आप, अपना वजूद छोटा लगने लगा, सुशील की रचना-प्रक्रिया के मध्य मैं अपने मानसिक सुख-दुःख, अकेलेपन और फैंटेसी को ही लिये बैठी थी, जबकि सुशील सृजन के रहस्य को पूरी तरह प्रतिबद्ध होकर जी रहे थे।

सुशील के साथ मैं गैस्ट हाउस चली जाती हूँ। वहाँ अपने सभी अन्य कार्यकर्ताओं से भेंट होती है, उनसे बातचीत करती हूँ, उनके अनुभव सुनती हूँ। पता चलता है, उनका रसोइया अभी तक छुट्टी बिताकर भारत से नहीं आया है और खाने का कोई विशेष सिलसिला नहीं जमा है, अतः मैंने साड़ी का पल्ला कसकर कमर में खोंसा और काम में जुट गई। दाल-सब्ज़ी-पराँठे बनाकर सभी को खिलाये। रात के बारह बजे थकावट से चूर मैं जब लौटी तो मुझे लगा, सुशील की कर्मठता में मेरा भी योगदान है...मैं जो मात्र अपने शरीर की पूर्ण स्वीकृति का दावा कर रही थी, अपने अनिवार्य आकर्षण को बेमानी होता देख उदास थी...अब जैसे विभाजित नहीं थी, कम-से-कम मेरे इस समय का चेतना-स्तर मुझे जीवन का वास्तविक मूल्य प्रदान कर रहा था।

दूसरे दिन सुबह सुशील अपनी फ़ाइलें समेट कर साइट पर चले जाते हैं और मैं भी तैयार होकर नीचे आ जाती हूँ। होटल के मैनेजर के निकट जाकर

मैं अपनी नगर-दर्शन की इच्छा व्यक्त करती हूँ। पता चलता है, यहाँ कोई 'साइट-सीइंग टूर' जैसी व्यवस्था नहीं है। मेरे बहुत कहने पर वह मेरे लिए एक टैक्सी की व्यवस्था कर देता है, जिसके वाहक को अंग्रेज़ी आती है। मैं बहुत खुश होकर उसकी टैक्सी में बैठ जाती हूँ। रास्ते में फिर छोटी-बड़ी इमारतें, मस्जिदें, बुर्जियाँ और बेतरतीब फैली सड़कें। धरती, जल और प्रकाश-जीवन के ये तीन तत्व ईराकी चिन्तन के आन्तरिक आधार हैं। बग़दाद स्क्वायर में सज्जित मोहम्मद ग़नी हिकमत की प्रतिमा इस बात का प्रतीक है कि कितनी सार्थक है मिट्टी, समय के अवगुंठन में उपजते हुए आकार, यहाँ के मूर्तिकारों की प्रेरणा है। मिट्टी के अनगढ़ रूप, ढहते हुए भित्तिचित्र इस बात की गवाही देते हैं कि वास्तविक और अभौतिक दोनों ही समय के साथ शताब्दियों के अपूर्ण पश्चात्ताप से अटल खड़े हैं।

*सभ्यता की नदी मनुष्य को*
*अपने जल से बाँधती है*
*घनिष्ठता के बन्धन इतने कसते हैं*
*कि समूची जीवन-पद्धति*
*नदी के जल से अनुबन्धित*
*बहने लगती है*

'टिगरिस' नदी पर से टैक्सी गुज़रती है, टैक्सी ड्राइवर बताता है—"आबू-जा-कार-अल मन्सूर नामक शासक ने बग़दाद शहर को स्थापित किया था। ईसा पूर्व 762 में 'छालेमान्यो' और 'अल-मा-मुन' नामक व्यक्तियों ने इस शहर को उसका सांस्कृतिक रूप प्रदान किया। उस समय यूरोप के प्रायः सभी शहरों और उनके उद्योगपतियों के साथ बग़दाद के सम्बन्ध थे जो शहर की उन्नति के लिए कारगर सिद्ध हुए। सन् 1250 की 13 फरवरी को बग़दाद शहर में एक बहुत बड़ा अग्निकांड हुआ। यह आग 'चंगेज़-खाँ' के पोते 'हलागू' ने लगाई थी जो मंगोल थे। उसके बाद पुनः शहर को निर्मित करना पड़ा। सन् 1900 में पहला तेल इंजन आया और 1911 में टर्क पैट्रोलियम कम्पनी ने तेल निकालना आरम्भ किया। तब से आज तक बग़दाद का नारा है—'किसी भी मूल्य पर आधुनिकीकरण, प्रगति'। यहाँ के निवासियों का धर्म इस्लाम है।"

एक चौराहे पर टैक्सी धीमी होती है—उस पर बीचोबीच चालीस मटके बने हैं जिनके बीच पत्थरों में तराशी हुई मरजीना खड़ी एक मटके से तेल गिरा रही

है। खुश होकर टैक्सीवाले से पूछती हूँ—"अलीबाबा का घर तो होगा यहाँ।"

"वह महज़ एक कहानी है, असलियत नहीं।"

"तो फिर यह चौराहा?"

"शायद इसलिए कि हमारे देश की यह कहानी पूरे संसार में प्रसिद्ध है।"

"हाँ, शायद हर बचपन यह कहानी सुनकर बड़ा होता है।"

हमारी गाड़ी अब एक मस्जिद के निकट रुकती है। इसे शहीदों की मस्जिद या 'खादिमेद' की मस्जिद कहते हैं। यह मस्जिद अपने अभूतपूर्व, अलौकिक रूप में रमणीय लगती है। इसकी नीले-फिरोज़ी रंग की चमकदार टाइलें श्वेत संगमरमर के साथ सुरुचिपूर्ण प्रतीत होती हैं। अरबी और फ़ारसी के काले अक्षर उसे और भी परिष्कृत रूप प्रदान करते हैं। टैक्सीवाहक मुझे एक स्थान पर उतार देता है और खुद गाड़ी पार्किंग में खड़ी करने चला जाता है।

मैं जैसे ही मुख्य दरवाज़े के सामने पहुँचकर अपने पैर दहलीज़ पर रखती हूँ, तो ऊँचे स्वर में कोई टोकता है, एक क्रूर-सा दाढ़ी वाला चेहरा। मुझे पता नहीं चलता, मुझे क्या करना है, जूते उतारने हैं या सिर ढँकना है या पता नहीं यहाँ स्त्रियों का आना वर्जित है, यदि है तो टैक्सीवाले ने मुझे यहाँ क्यों उतारा? मैं लौटने को होती हूँ तो टैक्सी चालक आ जाता है, वह उन लोगों से बात करता है और पास के किसी कमरे से जाकर काले रंग का एक बुर्का ले आता है और मेरे हाथ में थमाकर बताता है कि बुर्का पहने बिना मैं मस्जिद में प्रवेश नहीं कर सकती। बदबूदार काला बुर्का, न जाने किसका था? पर खैर, अब आई हूँ, भीतर जाना चाहती हूँ तो पहनना होगा...टैक्सीचालक उसे पहनाने में मेरी सहायता करता है। बुर्का ओढ़कर उसकी नकाब गिराती हूँ तो पूरा चेहरा ढँक जाता है, मात्र आँखें एक रोशनदान-नुमा जाली से बाहर देख सकती हैं। पूरा परिवेश मुझसे कट जाता है, बुर्के के भीतर मेरा शरीर ही नहीं, धर्म भी छुप जाता है, बाहर का कोई व्यक्ति नहीं जानता, मैं कौन हूँ? इस हालत में सुशील क्या, मैं भी अपने को देखती तो पहचान न पाती।

मुझे बहुत घुटन लगने लगी, ऐसा प्रतीत हुआ जैसे मेरी भौतिक वास्तविकता को समय के इस पल ने गुमनामी का कफ़न उढ़ा दिया है। मैं यहाँ पैदा होने वाली उन सब कमसिन कमउम्र लड़कियों के विषय में सोचने लगी जिनको बुर्का पहनाकर, अचानक ही उनके नये नकोर स्त्रीत्व के प्रति सचेत करा दिया जाता

होगा। कितना छटपटाती होंगी वे? इस समय मैं उनके अस्तित्व की उस घुटन को अपने गले में घुमड़ता महसूस कर रही थी। बहुत पहले पढ़ी इम्तिआज़ धारकर की अंग्रेज़ी की कविता मन में सरसराने लगी, जिसका भावार्थ कुछ इस प्रकार था।

एक दिन उन्होंने कहा–
*कि वह इतनी उम्रदराज़ हो गई है*
*कि अपनी शर्म को जान ले,*
*उसे भी लगा*
*शर्म बड़ी सहजता से*
*उसके वजूद में घर बना रही है,*
*पर्दा एक प्रकार का बचाव है*
*जिसके भीतर शरीर*
*अपने को सुरक्षित महसूसता है,*
*चेहरे के ऊपर नकाब का वस्त्र,*
*ऐसे आ गिरता है*
*जैसे अमृत शरीर के ताबूत पर*
*धरती पर गाड़ते समय*
*मिट्टी की परत आ गिरती है*

वह सारा माहौल जिसके प्रति मैं सचेत होना चाहती थी, जिस धर्मस्थल पर मैं पूर्णमना होकर प्रार्थनारत हो सकती थी, उसके और मेरे बीच बदबूदार कपड़े का यह नकाब आ तना था, इस ढीठ दीवार का मैं क्या करूँ? ख़ैर, मैं आगे बढ़ी और बिना किसी हिचकिचाहट के मस्जिद की वह देहरी फलाँग गई जो किसी हिन्दू स्त्री ने नहीं फलाँगी होगी। भीतर बहुत बड़ा सहन था, सामने की ओर नक्काशीदार चबूतरा, वहीं इबादत की जगह थी।

घूमकर मैं आगे बढ़ी तो एक पीर मौलवी साथ हो लिया। उसने कुछ कहा जो मैंने नहीं सुना परन्तु मैंने पर्स से कुछ दीनारें निकालकर उसे दे दीं। चबूतरे के निकट उसने लोबान जलाकर मेरे लिए प्रार्थनाएँ की। मैंने देखा चबूतरे के चारों तरफ़ काँच की दीवार थी, दीवारों और काँच की दीवार के मध्य बहुत से नोट फेंके हुए थे। मैंने पहले तो भरपूर उन दीवारों की अति सुन्दर फिरोज़ी नीले रंग की नक्काशी को सराहा, फिर कुछ दीनारें काँच की दीवार के पीछे डाल दीं। भगवान

और अपने बीच फैले स्पेस में वह दीनारों के नोट बेतरतीब फैलकर जैसे मनुष्य की दरिद्रता का उपहास उड़ा रहे थे। उसके साये-तले खड़े होकर भी हम धन की अहमियत बीच में ले आते हैं। मेरे हाथ जुड़ आये, गायत्री मन्त्र अपने आप होठों पर फैल गया। मैंने माथा टेका—"हे भगवान, आपके हर रूप को मेरा शत-शत प्रणाम।"

मस्जिद से निकलकर मैंने पूजा करवाने वाले मौलवी को हाथ जोड़कर नमस्ते की और ज़ोर से 'धन्यवाद' कहा। पता नहीं वह समझा या नहीं परन्तु मैं अपनी असावधानी पर क्रोधित हुई। टैक्सीवाहक ने भी अंग्रेज़ी में समझाया—मुझे मुसलमान ही बने रहना है..पर अपनी वास्तविकता छुपाना क्या इतना सहज है? टैक्सीवाले ने मुझे बताया कि यहाँ के भूगोल में बग़दाद का नाम आते ही 'सुमेरिया', 'अक्काड', 'बेबीलोन' का नाम भी साथ-साथ लिया जाता है—जैसे सब शहर एक ही गुलदस्ते के फूल हों।

'बेबीलोन' के नाम से याद आते हैं 'हैंगिंग गार्डन', आठ वह अजूबे, जो पृथ्वी पर अपनी अद्‌भुत कलात्मकताओं के लिए प्रसिद्ध हैं। दूसरे दिन मैं उसी टैक्सी में 'बेबीलोन' चली गई। 'न्यू टेस्टामेंट' में 'बेबीलोन' को स्वर्ग और नर्क के मध्य का दर्जा दिया गया है। ईराकी इसे अपना पूर्वज मानते हैं। पश्चिम के अनेक यात्री यहाँ पुराततत्ववेत्ता के दृष्टिकोण और मानसिकता लेकर आते हैं। इस धरती पर ईसाइयत और इस्लाम तूफ़ान की तरह आये और ईराकियों ने इन्हें अपने घर में एक खास दर्जा दिया। 'सुमेरिया' 2350 ई.पू. में राजा 'सरगोन' ने स्थापित किया और इसी शासक के उत्तराधिकारी ने 'बेबीलोन' का निर्माण किया। वह बेबीलोन का स्वर्ण युग था और उस समय बेबीलोन को 'ईश्वर का द्वार' कहा और समझा जाता था। बहुत वर्षों तक बेबीलोन अपनी धर्म-स्थिति जीता रहा और उन दिनों यहाँ कुछ देवकुल, स्मारक भवन आदि निर्मित हुए। 612 ई.पू. में बेबीलोन न केवल पूर्वी संसार की राजधानी माना जाता था, बल्कि अन्तरराष्ट्रीय व्यापार का बड़ा केन्द्र भी था। इस बाहरी दीवार की परिधि 45 किलोमीटर थी, जिसमें सौ दरवाज़े थे। ये दरवाज़े ठोस ताँबे के बने थे। उसके झूलते हुए बगीचे शाही महलों की शान थे, इनका क्षेत्रफल पेरिस के 'कानकार्ड' से भी बड़ा था। समूचा भवन अपने समय में कला और शिल्प की एक मिसाल था। परन्तु आज...सारा शहर मात्र खण्डहर है, पुराने ऐश्वर्य पर आँसू बहाता हुआ। उसके इस स्वरूप को देखकर

मुझे भी रोना आ गया। कल और आज के बीच का इतना बड़ा अन्तर? संघर्षों के बीच जीता हुआ ईराक, ईराक के उजड़ते-बसते शहर जो अब नये सिरे से सँवर रहे हैं, नयी इमारतों से भर रहे हैं, जैसे उजड़े हुए बगीचे में कोई झाड़-झंखाड़ और कोई गुलाब के झाड़ बो दे। हो सकता है गुलाब झाड़-झंखाड़ को दबा दे, या शायद गुलाब दिखाई ही न पड़े, असार सार को दबा दे। परन्तु यहाँ के लेखकों-कवियों की मानसिकता अतीत के प्रति मरी नहीं, जीवित है, साहित्य में सुरक्षित है।

'अबू बाहह अल बायाती' की कविता जो उन्होंने ईराकी रेवोल्यूशन या क्रान्ति के समय लिखी थी–

*मेरी पितृभूमि में*
*जब सूर्य उदित होता है*
*राष्ट्रनायकों के लिए*
*एक बिगुल बजता है*
*प्रिये, तुम भी जागो*
*क्योंकि अब*
*हम सब मुक्त हैं*
*जैसे अग्नि, जैसे पंछी,*
*और एक स्वतन्त्र उगता हुआ दिन*

सुशील की व्यस्तता के मध्य, अकेले घूम-घूमकर मैंने पूरा शहर देख लिया था, मस्जिदें और खण्डहर सभी कुछ। पूरे पाँच-छह दिन बाद अकेली लौट रही थी–बग़दाद के 'खाबुस' की खुशबू और 'हुमसपरीनी' का स्वाद मेरे साथ था। हवाई जहाज़ में बैठे-बैठे अचानक मुझे याद आया कि चलते समय मैंने उन चिड़ियों को तो देखा ही नहीं जो लॉबी की काँच की दीवारों के कमरे में बन्द थीं...पता नहीं किस हाल में होंगी वे? चुपचाप सुस्त बैठी होंगी शाख पर, या फड़फड़ाकर काँच की दीवार से टकराकर चोट खा चुकी होंगी। उस गुमसुमी अँधेरे में, काँच के बाहर किसने सुनी होगी उनकी कराह! समय दबे पाँव गुज़र रहा था और मेरी आँखों की नमी इतने दिनों से जैसे थमी रह गई थी।

# मेहँदी का रंग सूहा लाल—पाकिस्तान

उस बड़ी हवेली के सदर दरवाज़े से दाखिल होते ही जो बड़ा-सा नक्काशीदार बरामदा दिखाई पड़ता था, उसकी सीढ़ियों पर चढ़ना या भीतर आना आमतौर पर औरतों के लिए वर्जित था। घुमावदार हवेली जैसी इस हवेली में जाना मुझे हमेशा एक रहस्योद्‌घाटन जैसा लगता था।

पहली बार जब मैं वहाँ गई तो बूढ़े दढ़ियल जुम्मन मियाँ हाथ से पंखा खींच रहे थे। वह बरामदे में थे और पंखा आरामगाह में चल रहा था। मुझे देखते ही अपनी पीनक से उभरते झिड़कते हुए बोले, "अय हय बीबी...कहाँ चली जा रही हो? नवाब साहब अन्दर आराम फर्मा रहे हैं।...इत्ता भी नहीं पता ये मर्दानखाना है...चलो, पीछे की तरफ़ जाओ...।"

मुझे क्या पता था, आज के ज़माने में...यह विभाजन...खैर, मैं पीछे की तरफ़ चल दी थी। मर्दानखाने और ज़नानखाने के बीच एक छोटी-सी बगीची थी, जिसमें मौसम के फूल ताज़ा थे—चमेली, मोगरा, मौलसिरी। मुझे लगा, यह बगीची और कुछ नहीं एक नकाब है जो दोनों इमारतों के बीच एक खूशबू का रिश्ता जोड़े खड़ी है और जिसके खुशबूदार रास्ते पर चलकर एक ड्योढ़ी तक पहुँचा जा सकता था, जहाँ से ज़नानखाने की हदें शुरू होती थीं। ज़नानखाना अपने आप में एक पूरा-का-पूरा संसार था—मुकम्मल घर, जिसमें बैठक, ख्वाबगाह, खाने का कमरा, बावर्चीखाना, झरोखे, दरीचे सभी कुछ थे।

इस ज़नानखाने में रहती थीं नवाब साहब की सबसे छोटी बेगम जिन्हें सब नन्ही बेगम कहते थे। नन्ही बेगम के आठ बच्चे ब्याहे जा चुके थे। तज़ीन सबसे छोटी थी। उसी से मेरी दोस्ती थी। तज़ीन की कुछ भतीजियाँ, भाभियाँ...खालाएँ वहाँ आती-जाती रहती थीं। पूरी हवेली पुरानी थी, जैसे कि एक पुरानी संस्कृति

जीती हुई। बहुत से पुराने तैलचित्र, झाड़-फानूस और कीमती सज्जा के सामान से भरी हुई। अवश्य ही नवाब साहब ने अपनी अनगिनत यात्राओं के दौरान उन्हें जमा किया होगा, परन्तु इस घर के प्राणियों को उन बेशकीमती चीज़ों से कोई लगाव नहीं था। सारा साज-समान एक अवहेलना-सी जी रहा था। कभी-कभी मुझे लगता, वह सब मद्धम-मद्धम साँस ले रहे हैं, बुझ रहे हैं, अपने मटमैले स्वरूप में सिकुड़ते चले जा रहे हैं।

पूरी हवेली में बहुत जीवन्त था तो एक बरामदा। बरामदे के एक ओर तख्त लगा हुआ था, जिस पर हमेशा सफ़ेद जाजिम बिछी रहती थी। चाँदी की तश्तरी में मौसम के हिसाब से फूल बदले जाते थे। फूल अधिकतर सफ़ेद होते—मोगरा, चमेली या हरसिंगार के। चाँदी का पायदान ताज़ा किया जाता और चाँदी का ही उगालदान चमकाकर अपनी जगह पर रखा जाता था। गावतकियों के सहारे अधलेटी रहती थीं नन्ही बेगम। नन्ही बेगम हमेशा रंगीन साटन का गरारा पहनती थीं, पर उनका कुर्ता हमेशा सफ़ेद होता जिस पर बारीक कढ़ाई किसी खास कारीगर की उँगलियों के कमाल का बयान करती थी। उनका मलमल का दुपट्टा लहरियेदार होता था, जिस पर दोपहर भर बी बख्तावर चुन्नटें डालतीं, कलफ लगातीं, अबरक चिपकातीं या गोटे किनारे जड़तीं। बेगम साहिबा के लम्बे कद में उम्र और आठ बच्चों के प्रसव के बाद एक खास किस्म का झुकाव आ गया था जो अपने आप में अनाकर्षक नहीं था।

मुझे देखते ही बेगम साहिबा कहतीं...''अरे, ये तो हमारी मुन्नी बिटिया है ...भई, तुम से हम बहुत नाराज़ हैं, ईद का चाँद हो, नज़र ही नहीं आतीं।'' मेरे नमस्ते करने पर कहतीं, ''जीती रहो, उम्रदराज़ हो...अम्मा कैसी हैं...अब्बा...अलीगढ़ में हैं या हमेशा की तरह घूम रहे हैं।'' तज़ीन को वहीं बुला लिया जाता...सारी गपशप वहीं होती...सारी गुफ्तगू का सूत्र बेगम साहिबा थामे रहतीं। घर-बाहर के किस्सों में सबसे ज़्यादा शामिल रहता था उनका काकातुआ जिसे दिल्ली के अजायबघर से खरीदकर-तज़ीन की सालगिरह पर भेंट किया गया था। हमारी बातें मुर्गे गजलख्वां से होती मुर्गे गिरफ्तर पर रुकतीं। समय जो भी होता निखर जाता।

उसी बरामदे में चूड़ीवाली बैठा ली जाती थी जो दुआओं-सलामतियों के वाक्यों के साथ चूड़ियाँ पहना जाती। कभी ईद की ईदी सेवइयों के साथ परसी जाती और कभी बी बख्तावर बाग से तोड़ी जाती पिसी मेहँदी मुट्ठियों में ज़बर्दस्ती लगा देती

थीं। कैसा रंग होता था उस मेहँदी का—सूहा लाल। बी बख़्तावर गातीं, "हाथ बन्नी के मेहँदी सोह, मेहँदी का रंग सूहा लाल।" प्रायः सभी कार्य-कलापों की पृष्ठभूमि वह बरामदा अपने आप में समूची ज़िन्दगी और उसकी विविधताएँ जीता हुआ, सचेतन दस्तावेज़ था।

जब मैं तज़ीन के कमरे में जाने लगती तो बेगम साहिबा कहतीं। "जाओ, तुम भी देख आओ, राजकपूर की एक और फोटो का इज़ाफा हुआ है। इनके दहेज में एक ट्रंक तो राजकपूर की तस्वीरों का ही दिया जावेगा।" तज़ीन गुस्सा हो जाती, और फिर हम अपनी बातों में खो जातीं। तज़ीन 'संगम' के राजकपूर और 'शारदा' के राजकपूर की तस्वीरों, उसकी एक्टिंग आदि की बातों में गुम हो जाती।

तज़ीन की शादी जल्द ही उसके किसी मामूजाद भाई से हो गई और वह पाकिस्तान चली गई। बेगम साहिबा का इन्तकाल हो गया। हमारे देखते-देखते तज़ीन के एक भाई ने ज़नानखाने को तुड़वाकर नये किस्म के अपार्टमेंट्स बनवा दिये, जिनमें बहुत से परिवार आकर रहने लगे। जब भी मैं वहाँ से गुज़रती तो उदास हो जाती थी, मुझे लगता था कि ज़नानखाने की जगह खड़ी इस बुलंद इमारत के मलबे के नीचे हमारे बचपन का खूबसूरत-सा अतीत दफ़न हो गया था। बचपन के वे दिन आज भी यादों में या मेरी कविता की चिलमन में दुबके बैठे हैं, जो किसी-न-किसी बहाने याद कर लेने में ऐसा लगता है जैसे यादों की गली में एक खुशबू झरने लगी है या यादों के ज़ख्म भर-से गये हैं।

उम्र की रहगुज़र पर गुज़रते कितने साल लापता हो गये। मेरा नाता भी तो अलीगढ़ से टूट-सा गया। शादियाँ कुछ नाते जोड़ती हैं और कुछ पीछे छोड़ देने की मजबूरी पैदा कर देती हैं। तब भी यादों के दरीचे में कुछ-न-कुछ जुगनुओं-सा रोशन होता बुझता रहा और मैं हमेशा किसी-न-किसी पड़ाव पर रुक कर सोचती, यह बदलाव, यह परिवर्तन इतना प्रभावशाली क्यों नहीं है, मुझ पर असर क्यों नहीं डालता, मैं नहीं बदलती। इन सब भौतिक-दैहिक परिवर्तनों के बीच मुझ में एक लैम्प-पोस्ट की-सी अखण्डता कायम रहती है। मेरे मन ने जिसे जितने स्नेह, आग्रह से चाहा है, उसका वह प्रेम आज भी उतना ही संचित है, मेरे मन ने जिसे जिस धरातल पर प्रतिष्ठित किया है, वह आज भी उसी धरातल पर उतनी ही श्रद्धा का उत्तरदायित्व लिये सजा खड़ा है।

यात्रा के लिए स्थान चुनते समय पाकिस्तान का नाम आते ही एक रोमानी

सुर-संगीत अपनी मदभरी तान से लहराने लगा, जैसे भीतर-ही-भीतर तिलिस्म का कोई दरवाज़ा खुलने लगा हो। एक अनजान-सा दरवाज़ा जिस पर सामन्ती सियासत और तानाशाही के अत्याचारी पर्दे डले हैं। संघर्षों से जन्मा एक देश जो कितना अपना है...और कितना बेगाना...जिसके नाम के उभरते ही एक दबा हुआ दर्द एक बहुत पुरानी चीस में परिवर्तित हो जाता है, जो एक सुख-दुःख के इतिहास के फलसफे से जुड़ता है। ज़िन्दगी में हमेशा सही भी होता है, गलत भी, अच्छा भी होता है, बुरा भी। हर समय ऐसा होता है, किन्तु कोई चीज़ अगर एक जगह सही है तो हो सकता है, दूसरी जगह वही चीज़ गलत साबित हो जाये। क्या सब ही नहीं जानते-समझते कि भाई-भाई के दिलों में दरार डालने वाले उनके अपने जज़्बात नहीं होते, होते हैं दूसरे लोग जो घर फूँक तमाशा देखते हैं।

दिल्ली से लाहौर तक की यात्रा के दौरान एक अनछुआ-सा रोमांच मुझे गुदगुदा रहा था। मैंने बहुत चाहा, तज़ीन का पता मिल सके पर नहीं मिला। मन में एक तलाश का एहसास था, एक ऐसी तलाश जिसका कोई नाम नहीं होता। विमान-परिचारिका शीतल पेय के साथ बता रही है, सिर्फ़ पैंतालिस मिनट में हम लाहौर की ज़मीन पर पहुँच जायेंगे। बस, केवल पैंतालिस मिनट और दूरी इतने वर्षों की। हमारे साथ अमृतजी भी हैं। उनका जन्म लाहौर का है और विभाजन के समय उनकी उम्र ग्यारह साल थी। उम्र के उस हिस्से में याददाश्त बहुत तेज़ होती है। वह यादों की झलकियों को जैसे किसी टेलीविज़न-स्क्रीन पर देख रहे थे। "वह है हमारा मुहल्ला, हमारी सड़क, स्कूल, बाबूजी का दवाखाना।"

उत्सुकताओं का दरवाज़ा खुलता है और हम पाकिस्तान की धरती पर कदम-कदम चल पड़ते हैं। हवाओं का रंग वही है—सड़कों के समानान्तर मकान, बत्तियों के खम्भे, मीनारें, टूटे हुए ऐतिहासिक इमारतों के भग्नावशेष। उसके अलावा आदमी की आदमी पर और ज़मीन की मिट्टी पर विजय जतलाते अकड़े खड़े नामपट्टियों से लैस बहुत से बुत-प्रतिमाएँ, सर्द और बेमानी, जिन्हें यहाँ के लोग आँखें उठाकर भी नहीं देखते, परन्तु पर्यटक टकटकी लगाकर देखते हैं—यादों के किसी हिस्से में कैद करने के लिए या फिर उसे अपने किसी नये अनुभव से जोड़ने के लिए। कुछ बहुत भाया, दर्शनीय हुआ, तो कैमरे के भीतर कैद कर लिया।

रास्तों पर चलते हुए भी तो कुछ भी अजनबी या नया-नहीं लगा—साइनबोर्ड, दुकानों के नाम, उनका आकार, उनकी सज्जा, सब कुछ हिन्दुस्तान से जुड़ती, एकरस

होती हुई। कभी अलीगढ़ की सड़कें, हवेलियाँ इनमें आकर घुलमिल गईं, तो कभी दिल्ली की। वही तो नाम हैं—'हबीब मंज़िल,' 'आफताब महल,' 'ताजे अकबर' या फिर शेख शहाबुद्दीन एडवोकेट, एंटीक ज्वैलर, लिबर्टी मार्केट, जैनरेशन बुटीक, महापारा मसाले, ताजमहल चाय या नेसकैफे कॉफ़ी बिकते-फरोख्त होते ज़िन्दगी के कितने ही रंग। कितनी ज़रूरतें और कितना कुछ खरीदा जाता है बेज़रूरत। गुलबर्ग का खूबसूरत इलाका पेड़ों की खुशनुमाई से लहराता है। सभी नाम अच्छे लगते हैं, कुछ गुनगुनाते हुए, शायद इसलिए कि हर नाम के उच्चारण के साथ उसके अर्थ की सार्थकता का कोई-न-कोई तेवर जुड़ा होता है।

लाहौर में मेरे लिए किश्वर है, मेरी एक बहुत छोटी-सी मुलाकात से जुड़ी दोस्त जिससे मुझे मिलना है और अमृतजी, जिन्हें अपनी यादों की गली में अपने जन्म-स्थल की खोज करनी है। किश्वर फ़ोन पर पहचान गई है, शाम को मिलने का वायदा किया है। जुम्मा है। पूरा शहर एक छुट्टी की सुस्ती में डूबा है।

हम अमृतजी के साथ जन्म-स्थल की तलाश में चल पड़े हैं। मेरे हाथ में गाइड बुक है, उसमें लिखा है : 'मनुष्य दो तत्वों के मेल से बना है, शरीर और आत्मा—इन दोनों में आत्मा का महत्त्व अधिक है। इस्लाम आत्मा की ओर अग्रसर करता है—तरीका जो भी हो, वैचारिक या प्रार्थनाओं का या जैसा भी। जो लोग आत्मविकास में विश्वास रखते हैं उन्हें 'सूफी' कहा जाता है। 'सूफी' शब्द 'सफा' से बना है। वह व्यक्ति जो आत्मा और मन दोनों में स्वच्छता को स्थापित कर सके। सूफी मत ध्यान की एक शाखा है जो आत्मिक विकास, प्रेम और परमात्मा में विश्वास करने की दीक्षा देती है...'

अमृतजी बिना किसी पूछताछ के अपने घर की गली के आगे बड़ी सहजता से पहुँच गये हैं, जैसे उनका यहाँ आना रोज़ ही होता हो...गली के उलझे रास्ते को उनके कदमों ने सुलझा लिया है। उनके समय की पुरानी लटकी मुहल्ले के नाम की तख्ती अभी भी वहीं है—'मुहल्ला पुरियों का'—उस दिन से आज तक वह तख्ती वैसी ही है, न उसे किसी ने मिटाया है, न ही टेढ़ा-सीधा किया है। हमें देखकर कुछ लोग जमा हो जाते हैं...अमृत की आँखें डबडबाई हुई हैं, स्वर कम्पित है...''यहाँ हवेली थी—गुरदित्तामल जी की—सियाराम पुरी जी भी... ।'' चाय की दुकान के निकट कुछ लोग कहते हैं...''है जी, हवेली पीछे की तरफ़ अब भी है...'' ''उस ज़माने में यहाँ सुल्तान भाई रहते थे...रंग रोग़न का कारखाना था उनका...'' ''है

तो...अभी कायम हैं...आगे चले जाइये...चलिये, मैं ले चलता हूँ..." एक लड़का आगे आता है...चायवाले ने गिलासों की चाय हमें ज़बर्दस्ती थमाई-"अरे, लीजिये न...हिन्दुस्तान से आये हैं...भाई हैं हमारे..."

"मैं यहीं रहता था...सियाराम पुरी मेरे मामा लगते थे...गुरदित्तामल मेरे पिता..." पहचान पुख्ता हो रही है। "लो जी, फिर क्या है...चाय के साथ कबाब भी ज़बर्दस्ती खिलाये गये, खातिरदारियाँ मीठे बोल अपनाकर हमें घेर लेती हैं... अपनी हवेली अमृत पहचान लेते हैं। बाहर खड़े होकर बताते हैं—दायीं तरफ़ बैठक थी...अन्दर की तरफ़ बाबूजी का कमरा था। बीजी की रसोई—कपड़े सुखाने की जगह, भागवन्ती का कमरा...सब कुछ जीवन्त हो उठता है। घर का मालिक हमें आदर से, मान से सभी कमरे घूम लेने देता है। अमृतजी कहते हैं, "घर अब भी बहुत-साफ़ है, बिलकुल वैसा ही, बिना बदलाव के मजबूती से खड़ा है।"

"आप यहीं आकर रहिए न!" घर की मालकिन कहती हैं। "बहुत मेहरबानी"—अमृत भावनाओं के ज्वार में बह गये हैं। मेज़ पर नाश्ता, गुलाब-जामुन, प्यार-मिठास क्या कुछ नहीं सजा है। "आइये न...अपने घर से कोई बिना खाये जा सकता है..." बुज़ुर्ग गृहस्वामिनी आग्रह करती हैं—"ठीक तो है..." मैं कहती हूँ..."सपने सच नहीं होते, क्योंकि मिट जाते हैं, पर कुछ सच ऐसे होते हैं जो सपनों की खूबसूरती लेकर उगते हैं और मिटते नहीं हैं। आपका सच ऐसा ही एक सपना है...अमृतजी।"

बातों में समय का ध्यान नहीं रहा, पता ही नहीं चला, पुरानी बातें नये परिवेश में अपना रिश्ता बना रही थीं। अचानक अमृतजी को याद आया..."यहाँ पास ही शीतला मन्दिर होता था..."

"मन्दिर...आप आते थे कभी?"

"हां...मैं बहुत छोटा था। हम सभी भाई-बहन, मामाजी के बच्चे सभी आते थे...जब भी घर में माता का प्रकोप होता, बीजी हमें यहाँ लातीं, मत्था टिकातीं, तब जाकर घर से निकलने देती थीं...साँझा परिवार था। घर में किसी-न-किसी को माता निकलती ही रहती थी...और हम बतासों के प्रसाद के लिए यहाँ की यात्रा में शामिल हो जाते थे..."

गाइड बुक के पन्नों पर किसी मन्दिर का पता नहीं है। ड्राइवर को भी कुछ पता नहीं था। हम रास्तागीरों से पूछते चलते चले गये। जिस मुकाम पर पहुँचे, वहाँ

कूड़े के अम्बार और गन्दगी के पीछे कुछ कंगूरे नज़र आये जो किसी मन्दिर के हो सकते थे। बड़े-से पीपल के पेड़ के पीछे छुपते-छुपाते ये खण्डहर होते मन्दिराना गुम्बद शीतला मन्दिर के ही थे। हम किसी खंडित प्रतिमा की तलाश में भीतर चले तो गये, पर, वहाँ का आलम ही अजीब था। हैरान कर देने वाला। इन गलियों में तो फर्क कहीं नहीं होता, वह दिल्ली के चाँदनी चौक की हों या लाहौर की अनारकली की, पर यहाँ की गलियाँ कुछ अनोखे ढंग की थीं, इनका एक सिरा कुछ सीढ़ियाँ चढ़ समाप्त हो जाता था दूसरा सांप-सा लहराकर किसी अँधेरे कोने में गुम हो जाता था।

उसी संकरी गली में मोटी-सी एक पनवाड़िन आराम से पान लगा रही थी। अपने ज़र्दे-तम्बाकू की मैली हँसी-ठिठोली के साथ मज़े से पान बेच रही थी। इसी गली के संकरेपन में एक ओर बड़े-बड़े देग पक रहे थे, किसी शादी का आयोजन था। हो सकता है, इसीलिए भीड़ बहुत जमा थी। जगह-जगह छोटे-छोटे खाज-मारे कुत्तों की टपकती लार से बेखबर लोग एक रकाब में सालन और शीरमाल पकड़े आराम से खा रहे थे। कुत्ते मुँह उठाये हड्डियों के गिरने की ताक में समाधि-सी लगाये रास्ता घेरे बैठे थे।

सबका अपना जीवन-दर्शन होता है। मेरे मन में बार-बार कुछ सवाल आ रहे थे। अपने आस-पास का इतना बड़ा नरक क्या हमने अपने आप नहीं रचा है? हम जो भी हैं, अपने ही कारण हैं—हम जैसे भी हैं अपने ही कारण नहीं हैं क्या? क्या ये सब अपने ही कर्मों का संघात जोड़ नहीं है? कर्मभूमि कोई भी हो, इन्सान तो वही है, जो वह है। अपनी दिनचर्या में गुम इस गली ने हमें फुर्सत से नहीं देखा। सिर्फ़ एक औरत, मैले-कुचैले कपड़ों वाली, जिसकी पीठ पर हल्का-सा झुकाव था, चेहरे पर माता के दाग थे, हमारा पीछा करती साथ-साथ चलती रही। अमृतजी ने उससे पूछा—

"सुनो, यहाँ शीतला मन्दिर होता था पहले...।"

"क्या मन्दिर..." वह हँसी..."होगा कभी...अब तो नहीं है। क्या आप हिन्दुस्तान से आये हैं...?"

"हां..."

"कहाँ से..." उसका चेहरा कुछ जानने को उत्सुक था।

"दिल्ली से..." अमृतजी ने कहा...दिल्ली के नाम से उसकी उत्सुकता बुझ-सी गई...

"सचमुच...वो मन्दिर नहीं रहा...तोड़ दिया गया क्या..."

"हाँ...तोड़ ही दिया गया...पर जो भी आप कह रहे हैं, देवी का वो बुत है...।"

"कहाँ है...?" अमृतजी बेचैन-से हुए..."देखेंगे आप?" उसने कहा..."आइये मेरे साथ...पर ज़रा यहीं ठहरें...मैं इन्तजाम करती हूँ...।"

उसकी तहज़ीब में कशिश थी...मुझे बरबस अपनी तरफ़ खींचती हुई। वह कहीं से फिर उदित हुई...उसके साथ एक और औरत थी, जिसकी गोदी में लटकी बच्ची की नाक बेतहाशा बह रही थी।

"बतूलन," उसने कहा...."चल कमरे में, वह दिखा दे इन्हें..."

"क्यों?" बतूलन ने जानना चाहा।

"बहुत सवाल करती है—इतनी दूर से आये हैं ये लोग, इनके इबादत की जगह है ये...।"

बतूलन के पीछे जिस कमरे में दाखिल हुए वहाँ नितान्त अँधेरा था, गहरा, उसने टॉर्च जला ली थी। टॉर्च की रोशनी में जितना भी हम देख सके, मामूली-सा रहने का कमरा था वह। एक तरफ़ एक पलँग लगा था। दूसरी तरफ़ बड़े-से आले में टेलीविज़न रखा था। उन दोनों ने मिलकर टेलीविज़न खिसकाया और हमें बुलाकर कहा—

"आयें...देखें आपका वह बुत...जिसे आप ढूँढ रहे हैं..."

हम हैरान टेलीविज़न के पीछे उस बुत को निहार रहे थे...टॉर्च की मद्धिम रोशनी में शीतला देवी की वह उपेक्षित मूर्ति खंडित, बदरंग निर्वस्त्र खड़ी थी। दीवार में जुड़ी उस मूर्ति की दयनीय अवस्था हमें सिहरा रही थी। हम अवाक् खड़े रह गये। न पूजा, न वंदन, धूप न दीप, पुष्प न मालाएँ...सिर्फ़ हाथ जोड़े, प्रणाम किया, क्षमा माँगी अपनी असमर्थता के लिए। टेलीविज़न के भद्दे आकार ने उसे फिर से ढाँक लिया।

मैले कपड़ेवाली ने अचानक मेरा हाथ पकड़कर कहा..."अगर दीवार से जुदा कर सकते तो यकीन मानिये, आपको ये बुत ज़रूर दे देते...हमें तो खुद बुरा लगता है...जो चीज़ जहाँ की हो, वहीं ठीक रहती है। नहीं तो पत्थरों में दफ़न कर दी जाती है..." मैं उसके स्पर्श की गरिमा से अभिभूत थी...कि बतूलन ने दरवाज़ा भेड़कर मेरी तरफ़ देखकर कहा—

"इसकी बात का बुरा मत मानियेगा...थोड़ी सी..." उसने आँख मिचकाई जिसका कुछ भी अर्थ हो सकता था..."सूफी है।"

सूफी...मुझे गाइड-बुक याद आ रही थी... "सूफी मानते हैं कि प्रेम के अतिरिक्त सत्य का कोई द्वार नहीं...प्रेमी भगवान तक पहुँच जाता है, ज्ञान भटक जाता है ...जानना तो सतही है, हृदय तो केवल प्रेम से उमड़ता है...जीवन के हृदय में जिसे प्रवेश करना हो, केन्द्र तक जाना हो, वह ज्ञान से नहीं, प्रेम से पहुँच सकता है।

"अपनी देवी देख ली आपने, अब हमारी दुल्हन भी देख लो...निकाह पढ़ा जाने वाला है," बतूलन ने आमन्त्रित किया।

"एक बकरा और जिबह हो रहा है..." मैले कपड़ेवाली का हाथ अभी भी मुझे थामे था। स्पर्श की अपनी गरिमा होती है..एक भाषा होती है।

अमृतजी नीचे ही रह गये। मैं उन दोनों के साथ कुछ सीढ़ियाँ चढ़ गई... सीलन-भरा कमरा, खूब सारी औरतों से ठसाठस भरा था। सभी के बीच में दुबली-पतली दुल्हन बैठी थी, लाल जोड़े में सजी, सस्ते साटन पर खूब सारे गोटे किनारी का काम था। सारी सज्जा उसके शरीर के रंग से मेल नहीं खा रही थी पीतल के गहने, बड़ी-सी नथ उसके चेहरे को कोई भी सौन्दर्य दे पाने में असमर्थ थी।

"बहुत मुबारक हो आपको..." कहकर हम नीचे उतर आये, मन भारी-सा हो आया। टेलीविज़न के पीछे दबी मूर्ति, गहनों में छुपी ये युवती। पता नहीं क्यों, अक्सर वस्तुएँ सच्चाई के विपरीत ही होती हैं।

मैले कपड़ोंवाली ने मुझे रोककर कहा—

"मेहँदी लगवा लें आप..."

'मेहँदी...नहीं...क्यों..." मैंने अपनी मुट्ठियाँ बन्द कर लीं...

"लगवा लें...पाकिस्तान की मेहँदी, शादी में शरीक जो हुई हैं आप..." बतूलन ने कहा।

मैंने झिझकते हुए हाथ फैला दिया...। मेहँदी का रंग हरा नहीं था, न ही उसमें अलीगढ़ की ताज़ी पिसी मेहँदी की महक भी थी, एक मैले-से रंग का डिब्बा था जिसमें साड़ी का छाप वाला एक ठप्पा था। मेहँदीवाली ने एक रेडीमेड मोर पलक झपकते मेरी हथेली पर बना दिया, फिर ठप्पे को उस मैले डिब्बे में डुबाया और उँगलियों पर अलग छाप लगा दिया। बस, मिनटों में मेहँदी दोनों हथेलियों पर छप गई थी। रचाई नहीं गई थी। रंग भी तो कैसा था—गहरा कत्थई, एक विशेष गन्ध से भरा हुआ। अमृतजी ने कुछ रुपये मेहँदीवाली को, कुछ बतूलन को, कुछ मैले कपड़ेवाली को थमाने चाहे...

''क्या करते हैं आप...'' वह बेहद गुस्सा हो गई। मैले कपड़ेवाली ने अपने पास से दस का नोट मेहँदीवाली को दिया। ''मेहमान हैं आप...आपसे कभी पैसे ले सकते हैं भला...''

''तो शुक्रिया कैसे अदा करें...आपने हमारे लिए इतना किया...''

''बस, याद रखियेगा हमें...हिन्दुस्तान जाकर भी...उस ज़मीन को हमारा सलाम भी दीजियेगा।'' इससे पहले कि मैं कुछ कहती, वह गलियों के घुमावदार चक्रव्यूह में खो गई।

''हिन्दुस्तान बहुत खूबसूरत है क्या...?'' बतूलन ने कहा—''फिल्मों जैसा ...कैसे-कैसे कपड़े पहनते हैं आपके लोग, हम भी पर्दा छोड़ रहे हैं...समझा रहे हैं सियासत को, हमें भी निकलने दो गलियों से... हम भी खुली हवा में साँस लेना चाहते हैं।'' बतूलन की आँखें फैल रही थीं...नयी पीढ़ी, नयी संवेदनाएँ, नयी आवाज़ जिसमें विद्रोह के बहुत से रंग मिले थे...मुझे अच्छी लगी।

''चलो...देर हो रही है...'' साथियों ने कहा। जब कार में बैठकर चलने लगे तो अमृतजी ने कहा—''एक बात नोट की तुमने, यहाँ के लोग हिन्दी फिल्म बहुत देखते हैं...देवी वाले कमरे में बहुत-सी तस्वीरें राजकपूर की थीं...''

''क्या...'' चौंकने की बारी मेरी थी।

''क्या हाल बना रखा था मूर्ति का...दीवार पर जड़ी भी तो कितनी मज़बूती से थी कि अलग नहीं किया जा सकता...। एक बात माननी होगी, वह मैले कपड़ों वाली बहुत प्यार से पेश आई। कितनी खातिर की हमारी...'' अमृतजी ने कहा।

पाकिस्तान की वह शाम झुककर सुरमई से स्याह होती जा रही थी और हमें किश्वर के यहाँ पहुँचना था। मैंने अलीगढ़ के एक सेमीनार में हुई पुरानी छोटी-सी मुलाकात का सहारा लेकर दोस्ती का हाथ बढ़ाया था। उसने मेरी फैली हथेली पर इतना कुछ रख दिया। इतने दोस्त, एक खूबसूरत महफिल। इतनी खातिरदारी जिसने मुझे ही नहीं, हम सभी मित्रों को अपने प्यार में समेट लिया।

जावेद शाहनी जो शायर हैं...असगर मेहयुद्दीन जो नाटककार हैं, इकरामउल्लाह जिनका एकमात्र उपन्यास बैन हो चुका है। इनके अलावा उस महफिल में थे जाहिद दर जो चुपचाप एक तरफ़ बैठे सारी गुफ़्तगू का जायजा ले रहे थे।

किश्वर की महफिल में कितनी ही कविताएँ थीं...बिखरती हुई शायरी जो बराबर उदासी को और उदास कर रही थी। मेरा मन कविताओं के बीच लगा रहकर

भी भटक रहा था...एक खण्डित मूर्ति जो दिमाग में घुस-सी गई थी। किश्वर सुना रही थी—

*मेरा मुल्क गर्म है,*
*मेरे हाथों की तपिश का सबब शायद*
*यही है।*
*मेरे बदन के आबलों का सबब शायद*
*यही है*
*मेरा मुल्क गर्म है*
*मेरे घर की छत के पिघल जाने का*
*सबब शायद यही है*
*मेरा मुल्क गर्म है,*
*मेरे बच्चों के प्यासे रह जाने का सबब*
*शायद यही है*
*मेरा मुल्क गर्म है,*
*मेरे बेलिबास रखे जाने का सबब शायद*
*यही है।*

दूसरी कविता थी—

*तुम्हें हमेशा मेरा वजूद*
*सुरंग की तरह मालूम हुआ,*
*जब चाहा पनाह ले ली,*
*जब चाहा सुरंग को छुपा दिया।*

किश्वर की उपलब्धि यही है कि उसने अपने भीतर के 'मैं' को जान लिया है, हाथ पकड़कर उसे 'सुरंग' और 'तपिश' से मुक्त कर लिया है। किश्वर अपने लिखने में, अपने परिवेश में एक बगावत जीती है। उसकी शायरी में उसके भीतर का 'मैं' कठोर चट्टान-सा बलशाली है। उसमें एक चौंकाने वाला साहस है, वह साहस जो उसे नये आयाम तक ले आया है। शायद यह साहस और बहुत-सी औरतों के लिए आदर्श बन जाये।

मेरी कविताएँ सभी को पसन्द आईं...पर मुझे लगा अगर आज मैंने 'बग्घीघर' नहीं सुनाई तो मुझे चैन नहीं आयेगा—

*घर के पीछे आज भी*
*वह पुराना बग्घीघर है।...*
*दादा जी चले गये,*
*सफ़ेद घोड़ा कब का मौत के सफ़ेद*
*कुहासे में खो गया।*
*बग्घी का कोचवान बूढ़ा होकर*
*अपने गाँव लौट गया है।*
*उसका बेटा ड्राइवर होकर*
*हमारी कार चलाता है।*
*बग्घी को घसीटकर ज़ीने की छत से नीचे*
*खड़ा कर दिया गया है*
*अब बग्घीघर मोटर रखने के काम आता है।*
*मैंने सुबह देखी है,*
*शाम देखी है।*
*रात आते ही, जब भी कोई तारा*
*आकाश से टूटता है,*
*तो लगता है जैसे, वर्तमान के आँगन में*
*एक बेहद खूबसूरत अतीत ढह गया है।*

कविता महज एक उन्मेष है, जो मनुष्य की समूची चेतना—दैहिक, मानसिक, आध्यात्मिक को एक साथ झकझोर देता है या अनुप्राणित कर देता है। हम सब भी अभिभूत बैठे रहे, पता नहीं कविता से या पता नहीं उस परिवेश से।

किश्वर ने खाना दस्तरखान पर सजा दिया है। मेरे लिए वैजीटेरियन अलग से है—माश की दाल, गाजर का हलवा। जिसे वह 'गजरेला' कहकर परोस रही है। सभी तो कुछ-न-कुछ कह रहे हैं। बातें कमरे में बिखर रही हैं। बहुत-सी मिली-जुली आवाज़ें है। हर आवाज़ का एक प्रयोजन होता है, बिना प्रयोजन तो कोई किसी की तरफ़ देखकर मुस्कुराता भी नहीं है—पर ये आवाज़ें पृथक लग रही हैं, इनकी ध्वनि भिन्न है, शायद इसीलिए कि इनकी सारगर्भिता है प्रेम। प्रेम उपजाती आवाज़ें, प्रेम के हाथ थामती आवाज़ें—और मैं देख रही हूँ, मेरी हथेली पर रची मेहँदी का रंग गहरा होता जा रहा है...'सूआ लाल'—नहीं, कत्थई।

# 2007 की पाकिस्तान यात्रा

लोहड़ी का त्यौहार था, घर के आँगन में बड़ा-सा लकड़ियों का त्रिकोण बनाया गया था। शाम होते ही सभी लोग साफ़-सुथरे कपड़े पहन कर तैयार हो गये थे। लकड़ियों में आग सुलगा दी गई थी, एक तिपाई पर बड़े से थाल में माँ ने सभी कुछ मिला दिया था, रेवड़ी, मकई के फूले दाने—पॉप कॉर्न, गजक के टुकड़े, छिलके समेत मूँगफली-चिड़वा। हम सब अपनी मुट्ठियों में उस मिले-जुले मेवा को भरकर आग के चारों ओर परिक्रमा की तैयारी में थे। नाना जी ने समझाया "लोहड़ी का वास्तविक अर्थ समझते हो बच्चों?" "हाँ क्यों नहीं?, नयी फ़सल तैयार हुई है न मकई की, उसे ही सेलीब्रेट करने का अर्थ है लोहड़ी।" या "मौसम का बदलना.... हाँ, शरद ऋतु का आगमन उसी का आह्वान है लोहड़ी।" "हाँ, यह सब भी ठीक है, परन्तु जानते हो, आग में इन सब अनाज के पके-अनपके दानों को अर्पित करने का अर्थ क्या है?" "नहीं"..."अपनी चिन्ताओं, दुविधाओं, दुर्बलताओं को अग्नि की पवित्रता में जल जाने दो और बची हुई गरमाहट नम्रता की हार्दिकता में जीना आरम्भ करो।"

तभी नानी अपनी सुतली से बुनी पुरानी पीढ़ी से उठ खड़ी हुई हवा में हाथ नचाकर संजीदगी से बोलीं—"नहीं वे ...लोहड़ी पता ए-साड्डे रावलपिंडी-ऐस्तरा गाँदे सी-लोहड़ी मंगन वेले—

*सुन्दर मुंदरिया हो*
*तेरा कौन विचारा हो*
*दूल्हा भट्टी वाला हो*
*दूल्हे दी धी व्याही हो*
*सेर शक्कर ल्यायी हो*

*कुड़ी दा लाल पटाका हो*
*कुड़ी दा सालू पट्टा हो*
*सालू कौन समेटे*
*चाचे चोरी कुट्टी*
*जमीदारां लुट्टी*
*बड़े भोले आये*
*एक भोला रह गया*
*सिपाही पकड़कर लै गया*
*सिपाही ने मारी ईंट*
*सान्नू दे दे लोहड़ी*
*ते तेरी जीवे जोड़ी*
*भावें तू रो*
*भावें तू पिट्ट*

सारा वातावरण उस स्वर में बँधकर जैसे एकाएक पथरा गया। कभी न बोलने वाली बेहद चुप्पी में सिमटी नानी का यह सस्वर लोहड़ी गीत हवाओं में एक रहस्यात्मक, पुरानी सीलन के साथ हमारे आस-पास पसर गया। कुछ समय तक कोई नहीं बोला—

पापा ने नानी की काँपती, उत्तेजित काया को सँभाला, ''बीजी, आपको तो बहुत याद है.... पूरा का पूरा लोहड़ी गीत बड़ा अच्छा गाया आपने।''

''बच्चया, मेरे लहू च वसदा है लाहौर—रावलपिंडी....ओह मेरा वतन सी।'' वर्षों बीतने पर भी वह अपनी पुरानी सरज़मीन की मानसिकता से बाहर नहीं आई थीं।

''पर नानी, अब वह पाकिस्तान बन गया है—आपका नहीं रहा, वहाँ अब अलग कौम है—मुसलमान रहते हैं वहाँ।''

''तद वी सी बल्लाया...अहमद गड्डी चलाँदा सी, मेहरून्नीसा सारे घर दी सफ़ाई करदी सी, अल्लादीन भिश्ती पानी ल्यांदा सी। तद ते कोई वतन वतन नयीं कहदा सी।'' फिर वह चुप हो गईं। अपनी अन्तहीन संवादहीनता की सरहदों में गुम होती चली गईं।

मैं सोच में डूब गई, 'ठीक ही तो कहा था नानी ने, यह कौन सी कौम है कब से पनपी, कब अस्तित्व में आई...और आज इसका स्वरूप क्या है? क्या है,

जो हमें तकसीम करता है इस हद से उस हद तक? वर्षों तक घनघनाये यह प्रश्न, यह भूमि जो पाकिस्तान है, उससे तो हमारे बुज़ुर्गों का जन्म-जन्म का सम्बन्ध था। अब उसे सम्बन्धों के दायरे से अलग कैसे किया जा सकता है। भौगोलिक बँटवारे, क्या हृदय में गहरी समायी पुरानी संस्कृति को मिटा सकते हैं? वर्षों पुराने वृक्ष क्या आसानी से जड़ समेत उखाड़े जा सकते हैं? उनकी संस्कृति की शिनाख्त क्या हमसे भिन्न है कुछ और?' मेरे जाने-अनजाने लोहड़ी के जलते त्रिकोण की एक चिंगारी मेरे भीतर जाने किस दरार से प्रवेश कर गई... मुझे पता ही नहीं चला।

वर्ष दर वर्ष बीतते गये। मैं नहीं जानती मेरी मित्रों ने मुझसे ही क्यों कहा—"चलो कुसुम पाकिस्तान ले चलो..." "मैं...मैं ही क्यों? मेरी मिल्कियत है क्या पाकिस्तान?"

मुझे ही क्यों चुना सब ने... मेरा ननिहाल था रावलपिंडी—घर से बेघर मेरी नानी जितने दिन जीवित रही, एक उदास चुप्पी का पुराना सालू समेटे, बिछड़ा हुआ अतीत जीती रहीं... उनका पैर के तलवे का जख्म जो घर की ड्यौढ़ी लाँघते समय उन्हें खूनो-खून कर गया था। उनकी मृत्यु तक बराबर रिसता रहा। आँसू जैसे आँखों से नहीं पैर की मवाद में बहते रहे...। तब तक, जब तक उन्होंने नब्बे वर्ष की उम्र में निवाड़ की चारपाई पर, निःशब्द दम तोड़ दिया। वह अपने नित्य के नाटक से बाहर चली गईं। दिल्ली के घर के रंगमंच पर से विदा लेकर उस पृष्ठभूमि में जहाँ वह अभिनय का एक बेबस सा पात्र नहीं, वह स्वयं थीं, अकेली अपनी पुरानी रावलपिंडी की रलियाराम हवेली से रुखसत लेती हुई। तब से...बचपन से नानी का रावलपिंडी, पाकिस्तान कहीं मेरे भीतर तिलिस्म...रूमालियत ...दर्द सा सरसराता रहा। फिर मेरे जाने, अनजाने एक फैस्सीनेशन में बदल गया। "फिक्की" या फैडरेशन ऑफ़ कॉमर्स में आये एक पाकिस्तानी डैलीगेशन की मेहमाननवाज़ी मैंने अपने घर पर की थी। एक पूरा भोज...सभी महिलायें सम्भ्रांत ...पढ़ी लिखी अपने जैसी... कुछ भी तो अन्तर नहीं था, भाषा भी मेरे बचपन के अलीगढ़ जैसी...मीठी एक जुड़ाव, एक अपनापन मित्रता की अदृश्य सी धुँध सी हमारे बीच फैल गई। कुछ ऐसा जिसे मात्र अनुभव किया जा सकता है, परिभाषित नहीं किया जा सकता। समीना और मल्लिका मेरे घर कोई दस दिन तक ठहरी थीं। एक पल के लिए भी महसूस नहीं हुआ कि मेरी अपनी नहीं हैं, कोई तकल्लुफ

भी नहीं किया था उन्होंने, जब जी चाहा चाय माँग लेती थीं। जब भी जी चाहता चाट पापड़ी खाने का इज़हार करतीं। परन्तु फिर जाने के समय विदा के पल में हमारी आँखों में तैरते आँसू सभी बाँध तोड़ गये। समीना ने कहा—".ख़ुदा करे सरहदों के पार इसी तरह मिलते रहें।"

मल्लिका ने हाथ थाम लिये हमसे बचाकर आँखें फेर लीं और कहा—

"बारिशों के बाद सतरंगी धुनक आयेगी खुल के रो लोगे तो चेहरे पर चमक आयेगी..." रो वो भी रही थीं, आँखें मेरी भी गीली थीं। परन्तु उन्हें जाना तो था वे चली गईं...परन्तु निमन्त्रण की रंगीन पर्चियाँ मेरे आस-पास मँडराती रहीं।

पाकिस्तान यात्रा की तैयारी के बीच वहाँ की लेखकीय अकादमियों से मुझे जुड़ना था। अपना साहित्य साथ ले जाना था उर्दू में तर्जुमा की अपनी चार पुस्तकें मैं पाकिस्तान अपने मित्रों को—लेखकों को भेज चुकी थी। बीच-बीच में बहुत से लेख पाकिस्तान की मनःस्थिति को समझाते हुए मेरे सामने आये थे। लेखक मुशर्रफ आलम जौकी का लेख 'कथा-जगत की बाग़ी मुस्लिम औरतें'। उस लेख ने मुझे चौंका दिया, क्योंकि जो महिलायें 'फिक्की' के डैलीगेशन में आई थीं वे तो ऐसी नहीं थीं। 'मुसलमान औरत' का नाम आते ही घर की चारदीवारी में बन्द या कैद, पर्दे में रहने वाली हर एक 'खातून' का चेहरा उतरता है, अब से कुछ साल पहले मुसलमान औरतों का मिला-जुला यही चेहरा ज़ेहन में महफ़ूज़ था।

बुर्कापोश महिलाओं से तो मैं बहुत खूब परिचित थी। अलीगढ़ के परिवेश में हर दिन स्कूल कॉलेज आते-जाते हमारी अधिकतर सहपाठिनें घर से बुर्के में ही निकलती थीं। स्कूल या फिर बाद में कॉलेज में अधिकतर उसे उतारकर कॉमनरूम की खूँटियों पर टाँग देती थीं और घर जाते समय पहन लेती थीं। उस समय वे सड़क चलते काले बुर्के मेरी परवरिश की लैंडस्केप का एक अभिन्न हिस्सा थे, जिसकी घुटन को मैंने दूर-पास से देखा भी था, बाद में उस पर कविता भी लिखी थी। परन्तु अब तो माहौल लगातार बदल रहा था। मैं एक छोटी सी यात्रा सुशील और उनके मित्र अमृता सरना के साथ कर चुकी थी। तब मेरी मुलाकात किश्वर नाहीद तक थी...हाँ उसने बहुत से दरवाज़े मेरे लिए खोले थे और मैं वहाँ के लेखकीय वर्ग से मित्रता के महीन तन्तु जोड़ भी चुकी थी। उन सब से दोबारा मुलाकात मेरी इस यात्रा का अहम हिस्सा थी, जो मुझे एक अद्भुत रोमांच से भर रही थी। उनमें से काफ़ी लेखकों को बीच-बीच में, मैं 'मालडीव्स' और 'नेपाल' के

'सार्क-सम्मेलन' में मिल भी चुकी थी। उर्दू में अनुवादित मेरी आत्मकथा, *जो कहा नहीं गया*, कहानी संग्रह *यादों के हमसफर* और *तापसी* से वे परिचित थे। इस बीच मैं तहमीना दुर्रानी की *ब्लैसफैमी* और *माई-यूडल लॉर्डस* पढ़ चुकी थी। मैं ही जानती हूँ उन दोनों पुस्तकों ने मुझे भीतर ही भीतर इतना आतंकित किया था कि मैं...एक अजीब सी घबराई, थरथराई स्थिति में कँपकँपाई खड़ी रह गई थी। आज भी सन्नाटे में खो जाती हूँ उन्हें सोचकर, तभी मेरे हाथ लगा यह लेख—

ज़रा सोचिए जहाँ क्रीम या नेलपॉलिश लगाना मना हो, फ़ोन उठाना मना हो, फ़ोन उठाने पर पाबन्दी हो, पराए मर्दों से मिलना बेशर्मी समझा जाता हो, ऐसे माहौल में मुस्तफा ख़र की पाँच पत्नियों में से एक यानी तहमीना दुर्रानी तमाम नाइंसफियाँ सहती। उसे लात-जूते और घूसों से पीटता हुआ वह कहा करता था—"तुम्हारी कोई आइडेंटिटी नहीं है तहमीना दुर्रानी, तुम हमेशा बेगम मुस्तफ़ा ख़र ही रहोगी। तुम्हें अपना परिचय मेरी पूर्व पत्नी के तौर पर ही देना होगा।" लेकिन तहमीना अपने इस जेहाद में इस तरह जीवित रही कि उसने किसी विजयी शासक की तरह अपनी आपबीती कलमबन्द करने के बाद मुस्तफा को फ़ोन करके कहा, "देखो मुस्तफा, अब दुनिया जल्द ही तुम्हें तहमीना दुर्रानी के पूर्व पति के रूप में जानेगी।"

बग़ावत की यह आवाज़ आज पाकिस्तान में महिला कलाकारों के यहाँ आम बात है, मर्दों के जुल्म-ओ-सितम से घबरा कर औरत अपना 'पर्सनल एकाउण्ट' तक अलग करना चाहती है, यह पर्सनल एकाउण्ट दरअसल उसकी अपनी शिनाख्त है जिसके लिए वह एक खुली लड़ाई, तेज़ कर चुकी है। "मेरे प्यारे वतन पाकिस्तान के मर्द कैसे हैं। ये सब अपनी पत्नियों की तनख्वाहें अपनी हथेलियों पर रखवा लेते हैं या घर को जन्नत नामी दोज़ख में झोंक देते हैं...अपनी खुशी से वे अपनी कमाई का एक धेला भी क्यों खर्च नहीं कर सकतीं?" फहमीदा रियाज़।

फहमीदा को मैं मिल चुकी थी। मेरे घर पर वह अपनी कविताओं से, नज़्मों से हम सब को आनन्द विभोर कर चुकी थी। परन्तु ये लेख, विभिन्न लेखकों की कलम से आते लेख, मेरी आत्मा को झकझोर रहे थे। तो क्या है यह पाकिस्तान? फिर आ खड़ा हुआ एक प्रश्न, क्योंकि मुझे तो उसके भौगोलिक नहीं आत्मिक स्वरूप को समझने की चाहत थी। अचानक लगा कि जैसे गुलदस्ते के कटे फूल जाग उठे हैं...और यह ज्ञात होने पर कि उनकी जड़ें नहीं हैं...अधर में लटके आधारहीन,

भूमिहीन वहाँ के निवासी, क्या एक जड़हीन स्थिति, किसी भ्रम को जी रहे हैं, एक एम्पटीनैस (खालीपन)...क्या? तभी पाकिस्तान के एक लेखक सलीम अहमद की बात याद आई मुझे, कहीं लिखा था उन्होंने...या शायद अन्य लेखकों से प्रश्न किया था—"जब हमने मज़हब, कल्चर, इतिहास और भाषा के होने के कारण अपने आपको एक कौम मनवा लिया और देश बना लिया तो कहा जा रहा है कि न कौम है, न कल्चर है और यह कि पाकिस्तान तो भूमि का नाम है। इस भूमि के बाहर जो है, उससे हमारा क्या सम्बन्ध?"

परन्तु मेरे बुज़ुर्ग तथा तथाकथित विभाजन के सदमे से विक्षिप्त मेरी नानी जैसे बहुत से लोगों का निर्दोष प्रेम आत्मा में धँसा अपना घर...धरती...देश, और अब हम उनकी सन्तानें सब कुछ एक नकारात्मक दृष्टिकोण में तिरोहित हो सकता था क्या? अन्तस में वर्षों से तह-दर-तह जमा वह गहरा प्रेम कूड़े-कचरे-सा फेंका नहीं जा सकता, वह त्यागा भी नहीं जा सकता। कहीं भीतर गाँठ सा पड़ा पथरा जाता है? अनचीन्हा, अनदीखा होने पर भी कभी-कभी उत्तर चाहता है, एक प्रतिवाद-डायलॉग-कम्युनिकेशन, उसी शिनाख्त और डायलॉग के टुकड़े जोड़कर मैंने एक पुल जैसा तराश लिया था। हाँ, जाना है पाकिस्तान बस, ई-मेल, फ़ोन, पत्र पर कार्यक्रम तय कर लिये। वीसा, टिकट-पासपोर्ट तैयार हैं पूरा महीना भर चलती रही तैयारियाँ। वीसा पर लिखवाना है लाहौर, इस्लामाबाद, कराची, रावलपिंडी। लाहौर के निकट पंजासाहिब और कराची से 'मोहन-जोदरो'। सब नामों की एक फेहरिस्त, टेलीफ़ोन नम्बर, वहाँ मोबाइल चलता नहीं, तो नया मोबाइल लेना होगा उतने दिन के लिए।

चलिये इमीग्रेशन से निकलकर लाउंज में आ बैठे हैं। हमारे गेट नम्बर आठ के निकट केवल छः-सात मुसाफिर, बस। परन्तु जैसे माहौल बदल रहा है, अलग सा तो नहीं है जिसे विशुद्ध इस्लामी कहा जा सके, पर है कुछ, पता नहीं क्या? तभी एक शालीन सी महिला हरी शिफॉन की सुनहरी बॉर्डर वाली साड़ी चेहरे पर मीठी सी मुस्कुराहट। एक आत्मविश्वास, अरे हाँ, यह तो कुछ जानी पहचानी सी लगती है। मैं जब तक सोचती एक मोटी सी अधेड़ महिला उठकर उनके पास रुकती है—"आप फरीदा खानम हैं?"..."जी," वह मुस्कुराकर जवाब देती है। पास ही उनकी बेटी आ बैठती है। मैं और सुमन भी पास खिसकते हैं—"फरीदा जी, आपको देखकर बहुत अच्छा लग रहा है, कितना उम्दा गाती हैं आप... 'आज जाने

की ज़िद ना करो' आपका संगीत हमारे घर में या गाड़ी में लगातार बजता है।''

वह मुस्कुराती हैं....''मैं पटियाला की रॉयल फैमिली में वहाँ के महाराज़ के यहाँ से परफॉर्म करके आ रही हूँ। वहाँ भी सब बस इसी तराने की फरमाइश करते रहे'' उनका चेहरा दमक रहा था।

''जी मैं लाहौर में रहती हूँ।'' उन्होंने अपना कार्ड हमें दे दिया। मैं बैग में से अपना कैमरा ले आती हूँ–''आपको ऐतराज़ ना हो तो आपके साथ फोटो खिंचवा लें।'' हम सब एक कॉलिजी अन्दाज में खड़े हो जाते हैं। फोटो में वह लाल साड़ी वाली औरत भी शामिल हो जाती है। एक कागज़ पर अपना पता लिखकर देती है–''मुझे भी देना इस फोटो की एक कॉपी-'' शशी, यही उसका नाम था। इतनी बेतकल्लुफी कि हमारा नाम या पता उसने पूछना नहीं चाहा। खैर, फ्लाइट एनाउंस हो गई। कुल पैंतालीस मिनट और आधे घंटे का समय का परिवर्तन लाहौर की धरती पर उतर आये। अविश्वास से मैं चारों तरफ़ देख रही थी, यही है क्या पाकिस्तान? हवाई अड्डे पर हमारे नाम की पर्ची लिये खड़ा था एक दाढ़ी वाला अधेड़ सा पुरुष–''जी हम ही हैं आपके मेहमान...'' मैं और सुमन उसके सामने जा खड़े होते हैं–''हमें जिमखाना क्लब जाना है।'' वह हमें एक छोटी-सी मारूती टाइप गाड़ी में बैठा देता है। हम अपने सूटकेस, किताबों के बैग सँभालकर बैठ जाते हैं। गाड़ी के चलते ही हम उत्सुकता से शहर को देखते हैं। भारतवर्ष के किसी भी शहर से अलग जैसा तो कुछ नहीं दिखाई देता। वैसी ही सड़क, सड़क चलते लोग, साइकिलें, ठेले। अचानक जोश मलीहाबादी का शे'र याद आता है–

*मुद्दते गुज़रीं, तेरी याद भी आई न हमें*
*और भूल गये तुझे, ऐसा भी नहीं।*

अपनी नानी की स्मृति मेरे मन को सिहरा जाती है, अपने जीते ही, वह अपनी मानसिकता में केवल इसी सरज़मीन में साँस लेती रहीं, उनकी आत्मा ने दिल्ली को कभी नहीं अपनाया। शायद इसी कारण पता नहीं कैसे यहाँ की हवाओं में से उमड़कर एक वृद्ध साँस बार-बार आकर मुझे छू जाती थी।

कुछ ही देर में हम जिमखाना क्लब के नये विंग में पहुँच गये थे। शाम हो गई थी, कोई जा रहा था, कोई आ रहा था। वस्त्र तो पाकिस्तानी पर चेहरे अजनबी नहीं थे, बिलकुल अपने जैसे अपने भाई-बन्धुओं से मेल खाते हुए। कमरों में सामान पहुँच जाता है।

रात के आठ बजे इरम आ जाती है, बहुत प्यारी-सी, मेरी बेटी अर्चना की उम्र की इरम। वह इतने प्यार से मिलती है कि लगता ही नहीं कि पहली बार मिल रहे हैं। वीना के मित्र की बेटी है इरम और हम सभी आठ अधेड़ उम्र की आंटियाँ उसकी अतिथि हैं जिनसे उसका कोई स्वार्थ सिद्ध नहीं होता, परन्तु प्रेम उसका इतना विशुद्ध। उसने हमें कुछ भी महसूस ही नहीं होने दिया, इतने प्यार से अपनाया जैसे जाने कब से बिछुड़े मिले हैं। हम सब के लिए एक वैन है जिसमें रात के खाने के लिए हम चल पड़े हैं। जहाँ गाड़ी रुकती है, वह संकरी सी सड़क का भीड़ भरा एक चौराहा है। इरम बताती है, ''यह 'हीरामण्डी' है। रैड लाइट एरिया, और जिस रेस्तराँ में हम खाना खाने जा रहे हैं उसका नाम है 'कुक्कू-स-डेन'।'' हम सब उसके पीछे चल पड़ते हैं। चारों तरफ़ सड़क पर देगों में खाने पक रहे थे। एक तवायफ का घर, टूटा-फूटा, पर उस टूटन में जैसे एक नखरीला अन्दाज़ फ्रीज़ हो गया था। छोटा-सा आँगन, जिसकी पुरानी दीवार से सटी एक खण्डित गौतमबुद्ध की प्रतिमा अपनी पुरानी गरिमा से मण्डित खड़ी थी। दूसरी तरफ़ था एक, संगमरमर का किसी नर्तकी का बुत। अन्दर के कमरे में भी कुछ कलात्मक चित्र लगे थे जिन पर हमारे भारत के प्रसिद्ध चित्रकार 'हुसैन' के अन्दाज़ में 'एम. हुसेन' लिखा था। कैटेलॉग के ऊपर चित्र में उकेरी गई, एक लम्बी चोटी वाली नवयौवना और एक ढलती उम्र की भद्दी औरत अपने भड़कीले रंगों के बावजूद कलात्मक लगती हैं। भीतर के पन्नों पर 'एम. हुसेन' का परिचय था, जिसे एक साँस में पढ़ गई मैं, यहीं 'हीरामण्डी' में पैदा हुआ। तवायफ की कोख से जन्म लिया और उन्हीं के बीच बड़ा हुआ, अतः मैं उन्हीं के चित्र बनाता हूँ, उन्हीं की बेज़ुबान मजबूरी मेरी चित्रकला की प्रेरणा है। नहीं, मुझे कोई कॉम्पलैक्स नहीं है। किस बात की हीन भावना? इस संसार में जन्म लिया तो जीना तो पड़ता है, जैसे भी जिये कोई? यहाँ इस गली में शराब और शबाब सभी कुछ बिकता है। यहाँ की हवाओं में सैक्स ही धड़कता है। मैंने उसे ही अपने ब्रश से छुआ है। बिकाऊ हुस्न को समेटा है, अपने रंगों के अन्दाज़ में। इतनी साफ़गोई मैं दंग रह जाती हूँ।

मैं वह कैटेलॉग सँभालकर पर्स में रख लेती हूँ। एक संकोच मेरे साथ-साथ चलता है। सीढ़ियाँ पुरानी, टूटी, मरम्मत की हुई लड़खड़ाती सी लगती हैं। पसीने से जिस्मानी बू, सीलन से लथपथ दीवारों से चिपकी हुई सी प्रतीत होती है। परन्तु

जिस छत पर हम पहुँचते हैं वहाँ बहुत रौनक है। बहुत-सारी मेज़ें हैं जिन पर लोग खाना खा रहे हैं। मैं आँख बचाकर उन्हें देखती हूँ। सम्भ्रांत लगते हैं सभी चेहरे, कुछ विदेशी पर्यटक भी हमारी तरह उत्साहित हो खाने का मज़ा ले रहे हैं। हमारी मेज़ भी खाने से भर जाती है। इरम को यह ज्ञात था हम में से काफ़ी शाकाहारी हैं, घर से बनाकर आया खाना भिंडी, दाल, कढ़ी हमारे आगे इरम की मेज़बानी की एक खूबसूरत इबारत की तरह परस दी जाती हैं। बाकी का खाना बैरे ले आते हैं। मुझे उनका खाना लाने का ढंग बड़ा मनोरंजक लगता है। एक रस्सी में छोटी सी टोकरी (छिक्कू) फिट करके वह सड़क पर लटकाते हैं उनमें खाने से भरे डोंगे और गरम-गरम मोटी रोटियाँ रख दी जाती हैं जिन्हें बैरे खींचकर ऊपर लाते हैं और तश्तरियों में सजाकर मेज़ों पर परस देते हैं। वह रात्रिभोज मात्र भोज नहीं था, एक अनुभव था, जिसमें इतना कुछ घुला हुआ था। उसके बैक ड्रॉप में जामा मस्जिद की चमचमाती इमारत की धार्मिकता और उस मकान की अय्याश संस्कृति, वह अजीबोगरीब वातावरण था, वहाँ पुरानी कल्चर एक पुराने तवायफी अन्दाज़ के साथ आधुनिक काँटा, छुरी, नैपकिन, प्लेटें, भूली बिसरी पंजाबी बोलते वहाँ के लोकल लोग और बैरे सभी कुछ स्मृतियों में संजोकर रखने लायक था। दूसरे दिन सुबह जब बाज़ार पहुँचे। अब चलें तो दुकानदार भी बड़े प्रेम से हमें कपड़े दिखा रहे हैं—"मैडम आप बम्बई से आये हो या दिल्ली से—" "दिल्ली से।" "बड़ी खुशी हुई जी आपसे मिलकर।" वे कपड़ों के साथ खुद भी जैसे बिछ से जाते हैं। बिल बनाते समय हमें बिना कहे डिस्काउंट देते हैं। "अरे, आप हमारे अज़ीज हो जी।" यही नहीं एक दुकानदार अपने लड़के को साथ भेज देता है दूसरी दुकान पर, वह वहाँ जाते ही ऐलान करता है, "हमारे मेहमान हैं जी ये, बेईमानी मत करना।" उनकी भलमनसाहत, प्रेम है मन में उतर जाता है। कौन कहता है पाकिस्तान से बैर है? और वह इतने सारे दम घोटते लेख? इतना प्रेम तो कहीं भी नहीं मिलता। अपनापन, अतिथि-सत्कार का भाव कम-से-कम मुझे तो बहुत अभिभूत करता है—बार-बार मेरी आँखें नम हो जाती हैं।

पाकिस्तान के लिए मेरे मन में एक विशेष कोना है, विशेष स्नेह है, पता नहीं क्यों? एक अजीब आकर्षण एक कशिश जो मुझे खींचती है। शायद इसलिए भी कि अलीगढ़ में मैं इसी माहौल में पैदा ही नहीं हुई, बड़ी भी हुई। मुस्लिम यूनिवर्सिटी में एम.ए. तक पढ़ी भी, मेरे पति और बच्चे मेरी इस कशिश, या कमज़ोरी का

बहुत मज़ाक उड़ाते हैं।

सुबह सवेरे फ़ोन आ जाता है 'पाकिस्तान अकादमी ऑफ लिटरेचर' से "आपका प्रोग्राम तय है कल साढ़े दस बजे। पर मैं संकोच में हूँ। पाकिस्तान अकादमी के इस्लामाबाद ऑफ़िस से मेरी 'ई-मेल' पर खतो किताबत हुई थी, तो यहाँ लाहौर में कैसे?..."इफ्तिकार आरिफ साहब ने ही हमें इत्तला भी दी कि आप यहाँ आ रही हैं, अब तो आपको आना पड़ेगा। इन्तज़ार हुसेन साहब इस प्रोग्राम की नुमाइन्दगी कर रहे हैं।"

"जी... बहुत शुक्रिया, पर जहाँ तक मुझे याद है मुन्ना भाई और इन्तजार साहब से शाम का टाइम तय हुआ था।"

खैर, वह साहब सुबह टाइम पर मुझे लेने आ गये। मेरी सभी सहेलियाँ शॉपिंग को निकल गईं और किताबों का पुलिन्दा उठाये मैं उनकी गाड़ी में बैठ गई। मेरी बहन जैसी मित्र घबरा रही थी, मैं ऐसे बिना किसी जान पहचान के अजनबी मुल्क में अजनबी लोगों के साथ कैसे जाने का सोच रही हूँ। परन्तु मेरे मन में कोई धड़कन नहीं थी अविश्वास की, मेरे भीतर के विचारों का जाल आँखों में रोशनी सा उतर रहा था। मेरा मानना था, अपना उद्देश्य सच्चा हो तो दूसरों पर किया विश्वास समर्थ बना रहेगा। कुछ वैसा ही हुआ, हॉल में घुसते ही सामने खड़े थे 'इन्तज़ार हुसेन साहब', पता नहीं क्या हुआ मैंने झुककर उनके पैर छू लिये। अलीगढ़ से जुड़ता शहर था उनके बचपन का 'डिबाई', उस रिश्ते से मेरे बुज़ुर्ग लगे वह मुझे। मेरी श्रद्धा को उन्होंने भी प्रेम से स्वीकारा। काफ़ी अच्छी गैदरिंग थी वहाँ, मुझे कोई विरोधाभास जैसा नहीं लगा। अपनी लेखकीय यात्रा, लेखन की चर्चा से सुखकर लेखक के लिए और कोई पल नहीं होता। जैसी मेरी सामर्थ्य थी मैंने उन सब से अपने विचारों और मान्यताओं को शेयर किया। कवितायें सुनाईं तो मुन्नू भाई ने 'मालडीवस्' में मुझसे सुनी कुछ कविताओं का इज़हार किया, खास तौर पर 'बामियान का बुद्ध'।

वक्तव्य, प्रश्नोत्तर समाप्त होने पर एक महिला मेरे पास आई, कहने लगी "कुसुम जी मैं कुछ महीने पहले नेपाल गई थी। वहाँ जाने से पहले मैं आपकी फिल्म 'पंचवटी' देख चुकी थी। बस, सारे सफ़र के दौरान आपकी साधवी के रोमांस में लिपटी रही और खोजती रही 'उसकी पंचवटी'। फिर पाकिस्तान लौटकर मैंने यह लेख लिखा (उसने उर्दू में लिखे अपने लेख की प्रति मुझे दी)। कुसुम जी,

मैं जितने दिन काठमाँडू में रही आपकी पंचवटी का जुनून मुझ पर सवार था, मैं हर मन्दिर पहाड़ के कंगूरे, बाग-बगीचे में साधवी का 'धुलीखेल' तलाशती रही।"

मेरे रोंगटे खड़े हो गये थे, अभिभूत मैं एक निःशब्द कुहासे में जकड़ रही थी। उसकी बाँहें मुझे लपेट रही थीं, उसका पति हमारी फोटो खींच रहा था। मेरी आँखें डबडबा रही थीं, लाहौर के उस वातानुकूलित कमरे में मेरी अजनबी मित्र पंचवटी के नेपाल, स्वयंभू टैम्पल के बौद्ध स्तूप के उन्माद में बहकर एक और नयी सी पंचवटी की रचना कर रही थी और मैं सोच रही थी—'कहाँ आ गये हम सरे राह चलते चलते।' उसके हाथ पकड़कर मैं जाने कब तक बैठी रही।

तो मेरा लेखन व्यर्थ नहीं था उसका प्रभाव व्यर्थ नहीं हुआ था, उसने किसी को छुआ था, किसी को तो प्रभावित किया था। मेरी उपलब्धि अनन्तगुना जैसी होकर मुझे रोमांचित कर रही थी। जब वापस अपनी सहेलियों के पास लौटी तो खुलकर रोयी...न मैं कह सकी, न वे जान सकीं मेरे रोने का कारण क्या था...शायद कभी-कभी सुख को भी हम आँसुओं के साथ बह जाने देते हैं।

शाम की एक महफिल में अज़रा अब्बास को सुनने का अवसर मिला। उनकी कविताओं में एक खनकती हुई तल्खी थी। औरत का मसला तहमीना दुर्रानी की पुस्तकों से उठकर किश्वर नाहीद की आत्मकथा *एक बुरी औरत की कहानी* से गुज़रता हुआ चर्चा का ही नहीं चिन्ता का विषय था जो वहाँ के लेखकों की रचनाओं में सिर ऊँचा किये सामाजिक नियमों पर प्रश्न-चिन्ह लगा रहा था। अजरा अब्बास की कविता मेरी रक्त की शिराओं में उतर गई—

"She was picked up
for kissing a man
and had to spend

three months of rigorous imprisonment for indulging
in an act of public immorality
those three months
she spent in hard labour
Her womb

gathered bastards from every face.

अनुवाद–

*उसे सड़क से उठा लिया गया था*
*क्योंकि उसका जुर्म था*
*एक पुरुष का आलिंगन*
*भोगनी पड़ी तीन महीने की जेल*
*अनैतिक व्यवहार की बामुशक्कत सज़ा*
*वह तीन महीने*
*गर्भाशय की प्रसव पीड़ा जैसे*
*बिताये उसने*
*अपने ही कारागार में*

दर्द से थरथराता रहा मेरा ज़िस्म। अपनी सहेलियों के बीच वहाँ नॉर्मल रह पाती थी मैं। अरा अब्बास के साथ-साथ फाइनेन्शियल पोस्ट के कादरी साहब से भी मिलने का सुअवसर मुझे मिला।

लाहौर के बाद हमें इस्लामाबाद जाना था। लाहौर की उस आखिरी शाम को इरम के घर रात की दावत थी। लाहौर कैंट का इलाका गेंदे के पीले फूलों से लदा फँदा था साफ़-सुथरा और इतना ही बड़ा खूबसूरत था इरम का घर, जहाँ वह छोटी सी उम्र में चार बेटियों के साथ पति की मृत्यु के बाद रह रही थी। परन्तु उसके ससुर जैसे एक सुरक्षा का वितान ताने उसके साथ उसे आसरा दिये विशाल देवदार से पूरे परिवेश पर छाये हुए थे। जब उन्हें पता चला कि मैं अलीगढ़ की हूँ तो वह मुझे अपने कमरे में ले गये जहाँ उनके ज़माने की अलीगढ़ यूनिवर्सिटी की ग्रुप फोटो दीवार पर लगी थी। काली शेरवानी जिस पर यूनिवर्सिटी का चाँद सितारों वाला पहचान चिह्न लगा था शान से अकड़ी खड़ी थी। मैंने उन्हें अलीगढ़ का तराना याद दिलाया, "ये मेरा चमन, ये मेरा चमन, मैं अपने चमन का बुलबुल हूँ।"

उस पूरी शाम हम पुरानी किसी धरती के तिलिस्म में सोये रहे। इरम, उसकी बेटियाँ, भाई जान, सारा परिवार, जिस्मानी ना सही रूहानी एक रिश्ता, प्यार अपनापन उस घर की चारदीवारी को कँपकँपा रहा था। मेरे पास पर्याप्त शब्द नहीं हैं कि उसे परिभाषित कर सकूँ "मेरे होंठ चुप हैं पर आँखें बही जा रही हैं"

इस्लामाबाद में हमारी मेजबान फितरत थीं, वह मुल्तान से खास आई थीं

मिलने, उनसे दिल्ली में सार्क की मीटिंग्स में मैं मिल चुकी थी। उन्हें हमारा इडली दोसा बहुत पसन्द था। अतः मैं उन्हें सागर-रत्ना ले गई थी। अब यहाँ हम सब इस्लामाबाद क्लब में रात के भोजन के लिए आमन्त्रित थे, किश्वर नाहीद को भी मैंने फ़ोन करके बुला लिया था। हम लोग खाना खा रहे थे कि तभी कहीं से एक साहब आकर फितरत से, हमारे बारे में पूछने लगे, परिचय के बाद कहा, "कल दोपहर को मेरे घर पर खाना खायें आप लोग"

न जान न पहचान, फितरत ने बताया वह रिटायर्ड इन्स्पैक्टर पुलिस हैं। उनकी शख्सियत थी भी बहुत रौबदार, मूँछों और चमचमाती आँखें, ज़ुबान पर इतनी मिठास कि हमारे लिए मना करना कठिन था। उन्होंने घर जाकर आधी रात को, अपनी बीवी को जगाया और बताया कि कुछ हिन्दुस्तानी औरतों को दावत दे आये हैं। दूसरे दिन उनके घर हम फितरत के साथ पहुँचे, पूरा शामियाना लगा था, शाकाहारियों के लिए पूरी-आलू, हलवा, छोले कोई कमी नहीं थी। हाँ उन्हें यह मलाल रह गया कि अगर पहले से पता होता कि हम लोग आ रहे हैं तो किसी गानेवाले को भी हमारे मनबहलाव के लिए बुला लेते। प्रेम प्रदर्शन के अद्भुत अनुभव, कौन कहता है पाकिस्तान से बैर है?

शाम को 'एकैडमी ऑफ़ लैटर्स' में जनाब इफ़्तक़ार आरिफ ने मेरे लिए गोष्ठी का आयोजन किया हुआ था। पूरा हॉल भरा हुआ था। वहाँ भी मेरी वैचारिक यात्रा, चेतना, ऊर्जा अपना स्थान बनाने लगी।

समूचा साहित्य चाहे वह भारत का हो या पाकिस्तान का वह अपने देशकाल और सामाजिक स्थितियों को अपने-अपने दृष्टिकोण से कविताओं, कहानियों के माध्यम से परिभाषित करता है। कविता, फहमीदा रियाज़ की हो या अहमद फराज़ की, अफसाने इन्तज़ार हुसेन साहब के हों या तहमीना दुर्रानी के। सभी तो अपने-अपने लेखन में जीवन के सत्य को तलाशते नज़र आते हैं, अपने भीतर, अपनी अन्तरात्मा में एक मानसिक यात्रा में तल्लीन। मुझे बहुत पुरानी रूमी की एक कविता जाने कैसे हाथ लग गई जो कभी (1207 या 1273) इतने वर्ष पूर्व लिखी गई थी, परन्तु आज भी उतनी सारगर्भित है जितनी तब थी–

"No more meanings, My pleasure now is with the inner san, the inner moon. No longer two worlds signaling each other. Shapes do not come to mind. Shapes do not come to mind. Thus giving up has nothing to do with exhaustion. I walk from one garden into another, waves against my boat, ocean waves refining, as fresh as flower and fish calligraphy. Let see what they are writing. No more presences. Green itself begs me dive in this that Shams has siven."

उपरोक्त पंक्तियों में जलालुद्दीन रूमी ने अपनी और शाम की मित्रता को अमरत्व जैसा प्रदान किया है। अन्तरात्मा में एकत्व का मिलन सम्भव है और वही उन्होंने चाहा है। तो हम भी क्यों नहीं उसे ही अपनाते इतने सारे बाह्य सन्दर्भ और भौगोलिक फासलों को त्यागकर शहरों से उन्हें उखाड़कर, मन के भीतर गहरे पैठ, दोस्ती कर लेते, एक-दूसरे से। ऐसा हो पाता तो तनाव मिट जाते, तल्खियाँ गायब हो जातीं और बँटवारे से बिछुड़े प्रेम जुड़ जाते।

रावलपिंडी का नाम वैसे तो वीसा में दर्ज नहीं था, परन्तु मरी शहर जाते समय वह शहर रास्ते में पड़ता था। हम लोग टैक्सी से सफ़र कर रहे थे। अतः रावलपिंडी आरम्भ होते ही मैंने ड्राइवर से कहा, "प्लीज़ भाई, मुझे यहाँ रुकना है, इसकी सड़क पर चलना है और उस घर को ढूँढना है जिसका पता मुझे मालूम नहीं है।"

"अरे, जब पता नहीं मालूम तो कैसे ढूँढेंगी?" वह समझ रहा था मैं पागल हूँ।

"यहाँ आने से पहले मैंने चाहा था कि पता लगाऊँ मेरा ननिहाल कहाँ है, कहाँ जन्मी थीं मेरी माँ...परन्तु अब उनकी जैनरेशन का कोई भी तो जीवित नहीं बचा था जो बता सके। सभी तो चले गये। माँ तो इतनी जल्दी।" मैं सँभाल रही थी अपने आपको, पर आँसू थे कि बहे जा रहे थे। "भाई जहाँ तक मुझे याद है वह 'मरी रोड' पर कहीं रहते थे, आप उस सड़क पर ले चलो, शायद।"

टैक्सीवाला मेरी अनकही आरजू को जैसे भाँप गया था। कुछ चौराहे मोड़कर गाड़ी को जिस संकरी सड़क पर ले आया उसे 'मरी-रोड' ही कहते हैं, वे लोग आज भी। मैं उसके पहले छोर पर उतर गई अपनी डबडबाई आँखों से हर मकान को देखती चलती चली गई। भीड़ बहुत तो नहीं थी, फिर भी थी। मेरी साड़ी, मेरी पहचान मेरे साथ थी और नानी का उस मकान के लिए तरस-तरसकर मर जाना, मेरे हृदय में तूफ़ान, हिलकोरें ले रहा था। कहीं कोई पुराना दरवाज़ा था, तो कहीं

नया बन गया था, और मैं खाली हाथ बेशिनाख्त उस हवेली को ढूँढ रही थी। मेरी माँ, मेरे मामा का जहाँ जन्म हुआ था। पुराने कुछ दरवाज़ों पर मैंने हाथ फिराये—हाथ जोड़कर प्रणाम किया...अपने स्पर्श से मैं नानी की मृत आत्मा को श्रद्धांजलि देती रही। जाने क्यों मुझे लगा उन्होंने यहीं कहीं जन्म लिया होगा। इतने गहरे लगाव को साथ लेकर जो आत्मा इस संसार से विदा लेती है, वह अवश्य ही उस धरती पर पुनः आ जन्मती है।

राजनीतिक भूगोल बदल जाते हैं, परन्तु मस्तिष्क का भूगोल कहाँ बदलता है। जनाब 'जमील जालिबी' के शब्दों में कहूँ तो—

''जब ज़हनों पर नफ़रत और विरोध के अन्तर्गत भौगोलिक सीमायें हावी होने लगीं तो अपने अतीत से रिश्ता तोड़ने का तर्क समझ आने लगता है। उसी मानसिक प्रक्रिया का नतीज़ा यह हुआ कि हिन्दू-मुस्लिम संस्कृति, ताजमहल की हसीन तराशख्राश और कुतुबुद्दीन ऐबक की सल्तनतें देहली से लेकर बहादुरशाह ज़फ़र तक तहज़ीबी इतिहास ही हमारे लिए बेमानी हो गया। और राजनीतिक भूगोल के बदलते ही हमारे मस्तिष्कों का भूगोल भी उसी तरह बदला कि हमारा सारा तहज़ीबी सरमाया और विरसा 'वाघा बॉर्डर' पर आकर रुक गया और उसे भी वीज़े पासपोर्ट की ज़रूरत पड़ने लगी।''

परन्तु अवश्य ही मेरी नानी जैसे हमारे अनेकों पूर्वज इस अनन्त आकाश में उन सीमाओं से मुक्त हैं, जहाँ भी हैं।

# अंगकोर मन्दिर–कम्बोडिया

पूरे संसार में बहुत से देश हैं–अनगिनत या गणनाओं में समाये हुए। प्रायः सभी का अपना एक पुराना इतिहास होता है और होते हैं स्मृति चिन्ह, मन्दिर, महल, भग्नावशेष, खण्डहर, भित्ति-चित्र, भित्ति-लेख जिनके हृदय में संग्रहीत होती हैं उनकी अतीत गाथायें, रहस्यमयता में गुंथा एक इतिहास। वर्षों तक पुरातत्ववेत्ता उन पर शोध करते हैं और टुकड़े टुकड़े सत्य को जोड़कर एक इतिहास तैयार कर लेते हैं–और उस पर ही विश्वास करना होता है।

> Omar Khayyam—
> this ocean of life has manifested from a secret nobody could ever define its essence what people expound are just thoughts of learned men what truth really is, none could ever tell.

(सत्य क्या था? वह तो बीता हुआ समय ही जानता था। परन्तु अब एक सत्य की अजायबघरों में रखे तत्व पुष्टि करते और दूसरे सत्य को रटी रटाई ज़ुबान में बताते हैं गाईड, तो उस पर ही विश्वास करना पड़ता है।)

कम्बोडिया के मन्दिरों–अंगकोर-वाट (Angkor-Wat) के बारे में बहुत सुना था। यह भी प्रचलित था कि संसार के सबसे अधिक पर्यटक कम्बोडिया जाते हैं और उसे 'Kingdom of wonder' जैसा आदर प्राप्त है। अंगकोर-वाट की दर्शनीय महत्त्वपूर्णता ताजमहल से भी अधिक है। तो बस हमने भी सोचा कि क्यों न हम भी उस मन्दिर, उस स्थल के दर्शन कर लें जहाँ वर्षों पूर्व भारतीय सभ्यता की मान्यता थी।

Phnom Penh या 'नौम-पेन्ह' कम्बोडिया की राजधानी है। हवाई अड्डे

पर उतरते ही दीवारों पर बने चित्र 'शेषनाग द्वारा समुद्र मन्थन' से हमारा परिचय कराते हैं। नितान्त भारतीय बने चित्र यहाँ-वहाँ चित्रित हैं। बाहर आते हैं तो छोटा-सा शहर परन्तु बहुत हरा-भरा, फूलों से लदे वृक्ष और दूर पहाड़ियों के ऊँचे कद हमारा मन मोह लेते हैं।

चीन के इतिहासकारों के अनुसार इतिहास के पन्ने पलटने पर पता चलता है कि पहले पहल इस धरती पर एक विदेशी 'कौडन्या' नांमक ब्राह्मण ने प्रवेश किया था (1st Century A.D.) और यहाँ की निवासी महिला से विवाह करके यहीं बस गया था। ऐसा माना जाता है कि शायद उस समय कम्बोडिया भारतीयों की एक सैटलमेन्ट कॉलोनी थी। बौद्ध धर्म विशेष रूप से महायान बौद्धित्व के प्रचारक भी यहाँ आते-जाते थे। ब्राह्मणों ने अपने विकसित ज्ञान और उन्नतिशील दृष्टिकोण से उस नगर में विकास कार्य आरम्भ किये। 'फुनान' क्षेत्र में 'कौडन्या जयवर्मन' वहाँ का प्रथम राजा माना जाता था और 'रुद्रवर्मा' अन्तिम। 'फुनान' में भारतीयता का प्रभाव था। उसके पश्चात् भाववर्मा (598) के पोते रुद्रवर्मा ने 'चेलना' और 'फुनान' दोनों के आधिपत्य को सँभाला। महेन्द्रवर्मा, ईशानवर्मा (611-635) के पश्चात् जयवर्मा II (800) आदि 'खेमरे राज्य' के शासक माने गये। सभी शासक शैव्य धर्म को मानते थे और भगवान शिव की लिंगोपासना करते थे। पहले पहल एक पिरामिड के आकार का मन्दिर निर्मित किया गया जो धरती के राज्य की सांसारिकता और ईश्वरीय राज्य की मध्यस्थता का द्योतक माना जाता था। उसी जटिल विचारधारा को एक निश्चित रूप देने के लिए 'अंगकोर मन्दिर' की स्थापना की गई। नौवीं शताब्दी में उसका निर्माण कार्य आरम्भ हुआ। 'जावा', 'चम्पा' और 'खेमरे' की परम्परागत मान्यताओं के अनुसार मन्दिर की रूपरेखा बनाई गई। इन्द्रवर्मा के बाद यशोवर्मा I (968-1001) आदि ने शैव्य भक्ति का प्रचार किया, उसके साथ-साथ बौद्ध धर्म ने भी यहाँ अपना प्रभुत्व स्थापित किया। परन्तु (1860-1904) तक यहाँ फ्रांस से आये फ्रांसीसी शासकों ने अपना आधिपत्य स्थापित किया और कम्बोडिया फ्रेंच कॉलोनी बन गया। परिणामस्वरूप कम्बोडिया की प्रगति में एक उलझाव आ गया और आपसी संघर्ष शुरू हो गये। जिन्हें 'ऐन्टी फ्रेंच मूवमेन्ट' का नाम दिया गया। दूसरे विश्व युद्ध (World War-II) के बाद पहला कम्बोडिया शासक 'नौरोडोम (1864) राजगद्दी पर बैठा। 9 नवम्बर 1953 को नौरोडोम शिहानौक (Norodom Sihanouk) ने कम्बोडिया राज्य को स्वतन्त्र घोषित किया और

शिहानौक ही वहाँ का सबसे शक्तिशाली शासक माना गया। यही नहीं उसने कम्बोडिया में कुछ ऐसी फिल्में बनाईं जिनका वहाँ के निवासियों पर विशेष प्रभाव नहीं पड़ा, वह अजीब सी थीं। उसने उन्हें निर्मित ही नहीं किया, बल्कि उनमें अभिनय भी किया। उसने अपनी शिक्षा पद्धति पर भी बहुत ज़ोर दिया। परिणामस्वरूप उस काल में बहुत से प्रबुद्ध, और बुद्धिजीवी लोग पनप गये। प्रायः काफ़ी बुद्धिजीवी कम्बोडिया छोड़कर चले गये और मनमुताबिक कार्य करने की सुविधायें कम्बोडिया में नहीं थीं। अतः वह इंडोचाईनीस कम्युनिटी का हिस्सा बनते चले गये। बाद में 'खेमरे रॉग' (Khmer Rouge) की गिरफ्त में आ गये।

दूसरे विश्वयुद्ध के समय कम्बोडिया की बाहरी सीमायें जो कि (Ho Chi Minh trail) 'हो ची मिन्ह ट्रेल' कहलाती थी। अमेरिका के एअर फोर्स ने बमबारी की (1964 से 1969 तक)। उस समय जो बम गिराये गये थे उनका वज़न था 540,000 टन और संख्या थी दो लाख सत्तर हज़ार।

मार्च 1970 में शिहानौक जब रूस यात्रा पर गया हुआ था, उससे राज्य भार छीनकर 'लोन-नोल' वहाँ का मुख्य अधिकारी बन गया। शिहानौक ने उस बदलाव से चिढ़कर खेमरे रॉग रिवोल्यूशन' अपना लिया। पाँच वर्ष तक संघर्ष चलता रहा। कम्युनिस्ट 'खेमरे-रॉग' ने (Phnom Penh) नौम पेन्ह में लगभग 1975 में यह आदेश जारी किया कि सारे शहर और कस्बे खाली कर दिये जायें। इस संघर्षपूर्ण आन्दोलन में लगभग एक लाख से अधिक नागरिक एक यातनापूर्ण मृत्यु के मुख में समा गये।

(S-21) एस-इक्कीस नामक एक इमारत के सम्मुख हम आ खड़े होते हैं। उसकी दीवारों पर लिखा है–

"This museum is an access of raising awareness of the atrocities of the Khmer Rouge." (19,440 killings were counted)

एक अधेड़ उम्र की महिला हमारी गाईड है। हमारी गाईड बताती है, "जैसे अंगकोर मन्दिर कम्बोडिया का धार्मिक स्थल है, पूज्य है वैसे ही 'एस-इक्कीस' यहाँ की त्रासदियों की एक दर्द भरी दास्तान है। वह पहले एक स्कूल की इमारत थी जहाँ पर 'खेमरे-रॉग' का विरोध करने वाले लोगों को कैद किया गया था। ये कक्ष जो विद्या स्थल थे, कैदखाने में बदल गये थे। कैद में डाले गये लोग अधिकतर पढ़े-लिखे लोग थे–डॉक्टर, साहित्यकार, प्रोफ़ेसर, बुद्धिजीवी कम्बोडिया के महत्त्वपूर्ण

नागरिक, दार्शनिक उस स्तर के सभी लोगों को, यहाँ तक कि बौद्ध धर्म के साधक, महात्माओं को भी मौत के घाट उतार दिया गया था।" यातनायें जैसी कष्टपूर्ण थीं, उनके चित्र वहाँ दीवारों पर लगे थे जिन्हें देखना भी कष्टकर था। उनके वस्त्रों का अम्बार एक कमरे में सँभालकर रखा हुआ था, यहाँ तक कि उनकी अस्थियाँ और दीवार पर लटके असमय मृत्यु 'अस्थि-कंकाल' एक कमरे में ठूसम-ठाँस भरे हुए थे। आत्मा को कँपकँपाने के लिए जुल्मों की दास्तान को वर्णित करते अनेकानेक लेख और चित्र भी वहाँ संग्रहीत थे। एक दीवार पर लिखा था–

"Khmer Rogue abolished religion education and culture in attempt to wipe out any vestige of the country's previous society." सत्तारूढ़ दल की नीतियों के क्रूर परिणाम।

किसी भी राज्य का इससे बड़ा दुर्भाग्य क्या हो सकता है कि उसके माथे पर से धर्म और शिक्षा की बौद्धिक चमक और विवेक को ही पोंछ दिया जाये। जो अर्जित ज्ञान था, जो धर्म उसकी आत्मा थी उसे ही तहस-नहस कर दिया। हमारी गाईड बता रही थी कि उसने अपने पिता और भाई को यहाँ सिसक-सिसक कर मौत के मुँह में समाते हुए देखा था। सारे विश्व में यह संघर्ष 'Crime against humanity' के नाम से धिक्कारा गया। वहाँ का सारा वातावरण दर्द की एक सिहरन से थरथरा रहा था। आँसू भरी आँखों से हमारी गाईड हमें बहुत सी पुस्तकें दिखलाती है जो उन लोगों ने लिखी हैं जो संघर्ष से बच निकले थे। मैं कुछ पुस्तकें खरीद लेती हूँ। बार-बार मन में कॉलेज के दिनों में पढ़ी 'डायरी ऑफ़ ऐने फ्रैंक' और 'औशविटज़' (ज्यू यातना कैम्प) में देखे 'कनसन्ट्रेशन कैम्प' के यातनापूर्ण दृश्य आँखों के सामने आ खड़े होते हैं। मनुष्य, मनुष्य के प्रति इतना निष्ठुर हो सकता है? *'First they killed my father'* एक महिला लॉन्ग उंग (Lounge Ung) द्वारा लिखी गई पुस्तक है जो पाँच वर्ष की उम्र में अपने पिता की मृत्यु के बाद 'खेमरे-रॉग' के शिकंजे में पड़कर 'चाइल्ड सोल्जर' की ट्रेनिंग करती है। यातनायें भुगतती है। अपने सात भाई-बहनों को भूख और शारीरिक यातनायें झेलते हुए मरते देखती है। अन्त में केवल एक बिछुड़ी बहन से बहुत वर्षों बाद मिल पाती है। पूरी पुस्तक बिना आँसुओं के खारेपन से नहीं पढ़ी जा सकती। आज वह पुस्तक अमेरिका में शायद 'बैस्टसैलर' मानी जाती है।

'एस-इक्कीस' देख लेने के बाद पूरा दिन उदास बीतता है। परन्तु शाम

को वहाँ का राजमहल देखने का अवसर मिलता है, जहाँ आज भी, महाराज 'नौरोडोम शिहानोक' रहते हैं। बहुत भव्य था पूरा महल। सबसे अधिक प्रभावशाली था उनका प्रार्थना-कक्ष जहाँ बीस किलो की भगवान बुद्ध की प्रतिमा अपनी अप्रतिम ज्योति से जगमगाती खड़ी हुई मुद्रा में हमारा मन मोह लेती है। हमारी गाईड बताती है कि भगवान बुद्ध के शरीर पर बत्तीस मुख्य और अस्सी प्रकार के चिह्न पाये जाते हैं जो अन्य साधारण मनुष्य के शरीर पर नहीं होते। जैसे हाथों की उँगलियों में चक्र जागृत विवेक और परिणत प्रज्ञा के चिह्न माने जाते हैं। इस अद्भुत प्रतिमा के चारों ओर सोने और चाँदी की कम-से-कम एक हज़ार अमूल्य, बौद्ध प्रतिमाएँ विभिन्न आकार और रूपों में संग्रहीत हैं। सारा प्रार्थना-कक्ष एक सात्विक सुगन्ध से पर्यटकों की उदासी को पोंछता सा लगता है।

दूसरे दिन 'सिआम रीप' के हवाई अड्डे पर जा पहुँचते हैं। 'अंगकोर' के विश्वप्रसिद्ध मन्दिर यहीं स्थापित हैं। हवाई अड्डा देशी कम विदेशी पर्यटकों से भरा हुआ है। दीवारों पर लिखा है 'Kingdom of wonder'। पता चलता है, यहाँ प्रतिवर्ष एक लाख से अधिक पर्यटक आते हैं।

शहर में हर स्थल पर अप्सराओं के चित्र या समुद्रमन्थन के चित्र बने हैं। सारा शहर जैसे अंगकोर मन्दिर का प्रवेश स्थल है। सबसे पहले उस जंगल के मन्दिर में जा पहुँचते हैं जो हमें आश्चर्य से भर देता है। बड़ा अजीबोगरीब मन्दिर जिसे वृक्ष की जड़ों ने जकड़ा हुआ है। 'टा-सोम' (Ta-Som) मन्दिर और पेड़ मिलकर एक हो गये हैं, जैसे आत्मा और परमात्मा का भव्य मिलन, शक्ति सन्तुलन का वह दृश्य भावविभोर कर जाता है। पता ही नहीं चलता कौन किसकी भावुकता का पूरक है। महाराज जयवर्मा VII के समय यह निर्मित किया गया था। मन्दिर के अन्दर की कुछ अखण्डित दीवारों पर अप्सराओं के चित्र अंकित हैं। इस मन्दिर की देख-रेख भारत सरकार करती है। यह एक सूचना पट्टी पर लिखा था। अच्छा लगता है गर्व होता है कि भारत अपनी भारतीयता को संजोने में यहाँ तक अपनी बाँहें पसारे हुए है। तो धड़कते मन से हम अंगकोर के मन्दिर की ओर प्रस्तुत होते हैं, जिसके दर्शनार्थ इतनी दूर आये हैं। रास्ते में बहुत से सजे-धजे द्वार आते हैं जिन पर कलात्मक देवी-देवताओं की प्रतिमाएँ सजी हैं। मुख्य रूप से मन्दिर के पाँच द्वार हैं। जो इस पुराने 'अंगकोर थोम' को घेरे हुए हैं। सारे द्वार और प्रतिमाओं पर 'शिव' का प्रभुत्व दर्शनीय है। सभी कुछ है वहाँ शिव का सम्मान, मान, सत्ता।

जैसे सारा वातावरण 'ओम नमो शिवाय' के जाप में साधनारत है, झंकृत है हवाओं में शिव का नाम। उसके दक्षिण द्वार पर पत्थरों में तराश कर बनाईं 54 प्रतिमाएँ हैं जो समुद्र मन्थन के दृश्य को बड़ी दक्षता से प्रदर्शित करती है जैसे मनुष्य के भीतर के आत्म-छल और भीरूता को उकेरकर उसे शिव की ओर आकर्षित कर रहे हैं।

'अंगकोर थोम' के मुख्य मन्दिर के विशाल परिवेश को देखकर दंग रह जाना पड़ता है। मन्दिर के चारों ओर एक चौड़ी कैनाल है जो पानी से लबालब भरी है। वह 200 फीट लम्बी है और बीस फीट गहरी है। यहाँ का यह जल स्रोत और उसकी तकनीकी कला अद्भुत है। आश्चर्य होता है कि इतने वर्षों पूर्व कैसे यहाँ के नागरिकों ने उस जल प्रवाह पर कार्य किया होगा। जैसे ऊँचे मन्दिर उनकी प्रार्थना के प्रतीक थे यहाँ के राज्यकर्ताओं की, भगवान तक जा पहुँचने की इच्छा। वैसे ही जल उनकी स्वर्गीय उपासना थी, धरती और आकाश, पुरुष और भगवान को निकट से निकटतर लाने की। यह माना जाता है कि जल प्रवाह के पुराने तकनीकी शोध से सारा कम्बोडिया, उस समय चावल के उत्पादन में विश्व में सबसे आगे था।

'अंगकोर थोम' का पूरा मन्दिर 12 लाख क्यूबिक फीट में फैला हुआ था और इसमें इतने कक्ष हैं कि ऐसा माना जाता है कि यहाँ 20,000 व्यक्ति या कर्मचारी रहते होंगे। इतिहासकारों के अनुसार इस पूरे मन्दिर की संरचना महाराज उदयदित्य वर्मा II ने अपने शासनकाल में की थी। सात फीट ऊँचे दो प्रभावशाली शेरों की प्रतिमाएँ मन्दिर की रक्षा सी करती प्रतीत होती हैं तभी मुख्यद्वार पर शेष नाग के दर्शन के बाद जल वीथी को लाँघकर मन्दिर के पहले तल पर प्रवेश करने पर बहुत से भित्ति-चित्र प्रतिमाएँ भारतीय दंतकथाओं पर आधारित निर्मित दिखाई देते हैं। एक दीवार पर कुरुक्षेत्र का युद्ध पांडवों और कौरवों की सेनाओं को चित्रित करता है तो दूसरी ओर संस्कृत, पाली और हिन्दी की मूल भाषाओं में *रामायण* के पद भी चित्रों सहित उकेरे गये हैं।

एक के बाद एक छः, चबूतरों पर चढ़कर मन्दिर के विभिन्न वैभव के साथ-साथ स्वर्गीय अप्सराएँ और प्रतिमाएँ धरती और आकाश की मध्यस्थता करती प्रतीत होती हैं। सभी प्रतिमाओं पर भारतीयता का प्रभाव साफ़-साफ़ दीख पड़ता है, उनके वस्त्र और शरीर पर धारण आभूषण नितान्त भारतीय लगते हैं। मध्य के मुख्य कक्ष में

जिसे 'सूर्यवर्णन का गृह' माना जाता है, आज भगवान बुद्ध की विशालकाय प्रतिमा समाधिस्थ है। वहाँ फूल, अक्षत, रोली लिये पंडित भी हैं जो आपकी निजी पूजा करा देते है। वहाँ पहुँचने पर, प्रत्येक परिसर में रुककर ऐसा प्रतीत होता है जैसे वास्तव में प्रभुत्व के निकट आ पहुचे हैं। बुद्धं शरणम् गच्छामि' के स्वर वहाँ की दीवारों में समाहित लगते हैं। प्रार्थनारत स्त्री-पुरुष, भारतीय दंतकथाएँ, देवी-देवता, अप्सराएँ, पहरा देते शक्तिशाली सिंह, सभी कुछ इतनी बारीकी से उकेरा गया है कि सृष्टिकर्ता की उन्नत सोच और भवन निर्माण की श्रेष्ठ कलात्मकता की दाद देनी पड़ती है। पूरा दिन वहीं का सौन्दर्य आँखों में समेटते व्यतीत हो जाता है। मन्दिर के दर्शनीय स्थल अभी भी मन को बाँधे हुए हैं। अवश्य ही इस मन्दिर की रहस्यमयता, आध्यात्मिकता मनोवैज्ञानिक आकर्षण अवर्णनीय है। दर्शक उन कृतियों के मध्य चमत्कृत खड़ा रह जाता है। किंकर्तव्यविमूढ़ कलात्मकता को प्रस्तुति के साथ अनेकानेक कथानक आत्मिक चिन्तन हृदय में हिलोरें लेने लगता है। आनन्द शायद यही है जो औद्योगिक समाज की वास्तविकता के साथ आकाशीष स्वर्ग को जोड़कर मतभेद हीन प्रेममार्ग हृदय तक पहुँचा देता है, एक वसन्त जो कभी भी पतझर में परिवर्तित नहीं होता। और कौन कहता है सितारे धरती पर नहीं उतरते? यहाँ है ना, एक अद्‌भुत स्वर्गीय सौन्दर्य धरती पर फैला हुआ।

# लैंड ऑफ़ ड्रैगन–भूटान

भूटान के हवाई अड्डे पर उतरते ही–एक हवा के झोंके ने अपनी उँगलियों से मुझे सहलाया, पता नहीं कैसी सुगन्ध थी उन हवाओं में कि लगा किसी शहर में नहीं, मन्दिर के प्रवेश द्वार पर आ खड़े हुए हैं। छोटा-सा विभात तल जहाँ की दीवारों पर कुछ भव्य चित्र महाराजा और महारानी के सज्जित थे वह अपनी सादगी और अद्भुत सौन्दर्य के कोमल नेत्रों से पर्यटकों को निहार रहे थे। ऐसा नैसर्गिक स्वागत तो मैंने कभी अनुभव नहीं किया। कोई आपाधापी नहीं, भीड़ का धक्कम-धक्का नहीं। आराम से सभी के चेहरों पर अजीब सी शान्ति थी। सभी के भीतर था एक ठहरा हुआ भीतरी आत्मसन्तोष जो मुझे आश्चर्य से भर रहा था।

मुस्कान इतनी मीठी या मनमोहिनी कैसे हो सकती है, मैं अभी सोच रही थी कि मेरे गाईड ने उतनी ही मीठी मुस्कान से हमारा स्वागत किया, ''यू 'द्रुपका' लैंड ऑफ ड्रक या ड्रैगन में आपका स्वागत है।'' भूटान को यहाँ 'द्रुपका' कहते हैं। ड्रैगन का शहर वह पवित्र भूमि, जहाँ भगवान बुद्ध ने ईसा से पूर्व छठवीं शताब्दी में 'महा-निर्वाण' प्राप्त किया था।

मन्त्रमुग्ध हम सब बस में बैठकर चल पड़ते हैं–सारी सड़कें साफ़-सुथरी, कोई भी भीड़ साइकिलें- हॉर्न बजाती मोटरें-ट्रैफिक जाम जैसा कुछ भी नहीं–सारा वातावरण शान्त एक अदृश्य आध्यात्मिक सौन्दर्य, पवित्रता में सराबोर। यहाँ के निवासियों के वस्त्र लम्बे चोगे जैसे, जिसे 'घो' (Gho) कहते हैं। जिसे 'केरा' (Kera) नामक पेटी से कमर में कसा जाता है। स्त्रियाँ भी वैसा ही लम्बा वस्त्र धारण करती हैं जिसे 'कीरा' (Kira) कहते हैं। जापानी 'किमोने' से मिलता-जुलता था वह लिबास। वस्त्रों के रंग साधारण फीके या धारीदार लगभग एक जैसे, जिसमें किसी मतभेद या चुनाव की आवश्यकता नहीं होती। शायद इसी कारण भगवान बुद्ध ने कहा होगा, ''धर्म वस्त्रों

का परिवर्तन नहीं, दृष्टिकोण के परिवर्तन के लिए ज़रूरी है।" तो क्या यहाँ के निवासियों ने वस्त्रों की तरह अपने हृदय और दिखावटीपन से, सारी दौड़-भाग से ऊपर उठकर अपने आप से विजय पा ली है? मैं अपने आस-पास बैठे वहाँ के निवासियों को देख रही थी, जानने का प्रयास कर रही थी कि सड़कों के दोनों ओर पर्वतों ने मुझे आकर्षित कर लिया। सबसे अधिक मोहक लगे कतार बाँधे बहुत से सफ़ेद रंग के लम्बे झंडे जो लम्बे बाँसों की बाँहों में झूल रहे थे। उन सब पर काले रंग से मन्त्र लिखे थे। हवाओं में फड़फड़ाते उन 'प्रेयर फ्लैग्स' से वह मन्त्र जैसे सारे वायुमण्डल को अपनी धीमी गुनगुनाहट से सम्प्रेषित कर रहे थे। उनकी मधुर झंकार मेरी चेतना पर एक नये नकोर गीत को सृजित कर रही थी। जहाँ एक पारदर्शी सच था—संसार की समूची रहस्यमयता से भिन्न, जिसके आगे न तो कोई विचार था न ही कोई प्रश्न, बस था तो एक स्वच्छ सुच्चापन। वैसे वातावरण में, किसी अजनबी बयार के हाथ पकड़कर उड़ने लगा था मेरा अपनापन भी। ऐसा अनुभव तो कभी नहीं हुआ? मेरी आँखें उस प्राकृतिक सौन्दर्य को अपने भीतर सहेज लेना चाहती थीं—सड़क के साथ बहती नदी स्वच्छ और प्रवाहित उछलती गुनगुनाती। एक मन्त्र "ओउम् आनी पद्मे हुम" बुद्ध प्रदत्त कोई मन्त्र जो प्रार्थना में बँधे ध्वजों और नदी के जल की कलकल से उठकर हम सभी सहयात्रियों को एक ऐसे वातावरण में ले जा रहा था जहाँ न कोई विचार था, न कोई तर्क, कोई मत विशेष-कुछ भी नहीं, बस था तो एक नैसर्गिक सा प्रेम, और क्या "वही सत्य नहीं है?" हाँ, वही तो जीवन का सारतत्व है, एकमात्र सत्य। इससे पहले मेरी तन्द्रा टूटती हम 'थिम्पू' शहर की एक पहाड़ी पर बनी विशालकाय बुद्ध प्रतिमा के निकट आ खड़े हुए। भव्य काँस्य प्रतिमा भगवान बुद्ध के हाथों में अन्न से भरा पात्र था। एक ओर सूर्य देवता, दूसरी ओर भगवान बुद्ध का वह तेजस्वी स्वरूप, बीच में कतारबद्ध हम पर्यटक हतप्रभ खड़े थे। मेरी सहेलियों ने मन्त्रोच्चारण से सारे वातावरण को और भी अधिक चिन्तनशील बना दिया।

'थिम्पू' भूटान की राजधानी है एक पट्टिका पर लिखा था, "Visit Bhutan-where happiness matters." (भूटान की यात्रा कीजिये—भूटान जहाँ का प्रधान भाव, प्रसन्नता है) एक पट्टिका पर लिखा था, "We take people to roads less travelled and make a difference in people's lives." (हम आपको उन सड़कों पर ले चलते हैं जहाँ बहुत से यात्री नहीं आते, परन्तु वे रास्ते, वे सड़कें मनुष्य के हृदय परिवर्तन के राजपथ बन जाते हैं।)। कभी किसी शहर ने इस प्रकार

का स्वागत कभी नहीं किया था। मैंने तो देशों-विदेशों की अनेक यात्रायें की हैं परन्तु आडम्बरहीन यह भव्य शहर अपने भीतर इतनी गहरी चिन्तनमय दिशा दर्शन की ओर ले जाने का आमन्त्रण दे रहा था कि मैं एक आत्मिक स्पंदन में अभिभूत बैठी थी।

कहते हैं कि सन् 1184-1251 में भूटान के एक पुरुष 'फाजो डुकगोम शिगपो' को ऐसा स्वप्न आया कि उन्हें किसी योगिनी का दर्शन होगा। एक भविष्यवाणी के पश्चात् उन्हें एक स्त्री, 'सोनम पैल्डन' दिखाई दी जो नदी के दूसरे छोर पर खड़ी थी। उन दोनों ने नदी के दोनों किनारों पर चलना आरम्भ किया और वह लकड़ी के एकमात्र पुल पर जाकर एक-दूसरे से मिले और वहाँ उन्होंने मन्त्रों से उचित पूजा-ध्वज को पहली बार फहराया था। वहीं से थिम्पू नगर का शुभारम्भ हुआ। 2,350 मील लम्बी घाटी में शहर की संरचना आरम्भ की, जिसका सारा वास्तुशिल्प एक जैसा था कलात्मक और रंगीन चित्रों से सजा हुआ, एक जैसे द्वार और खिड़कियों की सज्जा भी लगभग एक जैसी है—जिनका नये बने मकानों में भी अधिकतर प्रयोग किया गया है और यही पूरे भूटान की एक सशक्त भूमिका है। जीवन को एक जैसा जीने की प्रतिज्ञा जैसी। 'नौर्डज़िन लैम' वहाँ की मुख्य सड़क है जिसके एक छोर पर 'रॉयल-सेक्रेटेरियट' और 'जे-खेनपो-चैम्बर्स' स्थापित हैं। हमें उनके भीतर जाने का भी सौभाग्य मिला जहाँ साधारण और अपने ही सौन्दर्य से मिला-जुला वातावरण था। हमें वहाँ के 'मिनिस्टर ऑफ कल्चर्स' और 'प्रधानमन्त्री', तथा विदेशमन्त्री—यभजी दोरजी से भी मिलने का अवसर प्राप्त हुआ। उन्होंने बड़ी सादगी और स्नेह से हमें मित्रता का आमन्त्रण दिया।

सन् 1952 में थिम्पू को भूटान की राजधानी घोषित किया गया था। पहले यहाँ केवल 'मॉनेस्ट्री' ही होती थीं। प्रार्थना स्थल—एक डो नगोन डज़ोंग 'Do Ngon Dzong' नामक नीले पत्थरों के उस भव्य किले 'Fortress of Blue Stone' में इतिहास छुपा था। 1930 में सबडर्ग नगवांग नामगिल ने उसे पुनः निर्मित किया और उसे 'डज़ोंग' नाम से प्रचलित किया। स्वर्गीय राजा 'एच.एम. जिग्मा डोरजी वांगचुक' ने 1960 में राजनीति का पहला पद सँभाला और भूटान को एक राज्य प्रणाली प्रदान की। यहाँ के मुख्य भवन रॉयल सेक्रेटेरियट के पुराने हॉल में नैशनल ऐम्बैसी है जहाँ पर यहाँ के राज्यकर्ता पदाधिकारी एक सोने से मढ़े आकर्षक आसन पर बैठते हैं।

'चाँगलीमिथांग' यहाँ का मुख्य बाज़ार है जहाँ सारे नगर निवासी अपनी खरीदारी

और घूमने, मनोरंजन के लिए और खाने-पीने आते हैं। मुख्य है एक पुराना 'क्लॉक-टॉवर' जो बड़ी शान से अकड़ा खड़ा है। पूरे बाज़ार में लाल मिर्चों का अम्बार सजा है। भूटान की नमकीन चाय जिसमें मक्खन मिला होता है बड़ी स्वादिष्ट लगती है। उसके अतिरिक्त मिर्च और पनीर (चीज़) के घोल में पकी लम्बी हरी लाल मिर्चों की सब्ज़ी 'ईमा-दाशी' उबले चावलों के साथ एक नयापन देती है। एक तरफ़ 'स्विस-बेकरी' केक बिस्कुट बेचती है, दूसरी ओर दुकानों में बुद्ध प्रतिमाएँ-चित्र जाप की मालाओं के साथ बिकती हैं, भूटान के दुर्लभ डाक-टिकट। पर्यटकों के लिए बहुत कुछ है। परन्तु मेरा मन पुराने एक पत्ते के लेख में बद्ध पुस्तक...भाषा जो भी हो परन्तु एक मन्त्र भगवान बुद्ध का चित्र मेरा आकर्षण है। मैं उसे खरीद लेती हूँ।

वहाँ की क्वीन मदर (राजमाता आशी संग्या छूक) Ashi Sangay Chookm से भेंट मेरी अद्‌भुत उपलब्धि बन जाती है। शहर के एक साफ़-सुथरे भाग में हरियाली के बीच बहुत से बड़े-बड़े मकान हैं, जिनकी एक जैसी सज्जा भी अपने आप में एक अद्‌भुत दार्शनिकता समेटे हुए हमें आकर्षित करती है। राजमाता, 'आशी संग्या' द्वार पर आकर हमारा स्वागत करती हैं, सुन्दर और भव्य व्यक्तित्व, नमन में झुकती मुद्रा हम सभी मित्रों को एक अटूट प्रेम में लपेट लेती है। घर के अन्दर की सजावट भी अन्य महलों जैसी नहीं थी, परन्तु आकर्षक थी बहुत से देशी-विदेशी कलात्मक वस्तुओं से शोभित। पता चलता है कि उन्होंने विदेश से शिक्षा पायी है। बहुत धारा-प्रवाह अंग्रेज़ी में वह हम सभी का परिचय लेती हैं। चाय और स्वादिष्ट व्यंजन भी बड़े सुसंस्कृत रूप से हमें दिये जाते हैं। मैं उन्हें एक अपनी कविता की पुस्तक भेंट करती हूँ। परन्तु वहाँ चित्र लेना मना था। हाँ, उनका मन्त्र "Empower and value yourself, dare to dream" (हर स्त्री को अधिकार है अपने को समर्थ बनाये, अपने अस्तित्व को न केवल मूल्यवान समझे उसे और ऊपर ले जाने का स्वप्न भी देखे) मुझे मन्त्रमुग्ध कर गया था। उनकी वह पॉज़िटिव एनर्जी, (सकारात्मक ऊर्जा) प्रायः सभी को प्रभावित कर रही थी, उसे ही स्मृतियों में समेटकर हम महल से बाहर आ गये थे।

राजमाता के निवास स्थान से आगे लम्बी सड़क से उस पार 'जिग्मा डोरजी नैशनल पार्क' है और उससे आगे हरे-भरे जंगल जहाँ बहुत सी मॉनेस्ट्रीस या मठ हैं। जहाँ के अधिकतर निवासी योगियों का मठावासीय जीवन यापन करते हैं। 'Tango

Monestry' 'टेंगो-मठ' को तेरहवीं शताब्दी में 'फाजो ड्रगोम शिगपो' द्वारा निर्मित किया गया था। पुनाखा डज़ोंग 'Punakha Dzong' नामक मठ 1637 में निर्मित हुआ था, जिसे यहाँ के प्रसिद्ध सन्त 'नगागी रिचेन' ने निर्मित किया था। यह दर्शनीय ही नहीं ऐतिहासिक भी है, क्योंकि यहाँ से भूटान के प्रथम राजाधिकारी महाराज 'उग्येन वांगचुक' ने अपने राज्य की घोषणा की थी। 17 दिसम्बर 1907 में सुचारू रूप से उन्होंने राज्यभार सँभाला था और कॉरोनेशन, राज्यतिलक की उत्सव सभा में ब्रिटिश मिशन के 'जौन क्लौड व्हाइट' ने भी भाग लिया था। वह महाराजा के विशेष मित्र थे उनके साथ पंजाब रैजिमेन्ट के पच्चीस मुख्य राजनीतिज्ञ भी शामिल थे। और उस समय जब भारत में ब्रिटिश राज्य के बन्धनों से भूटान को मुक्त घोषित किया गया था, 'जिग्मा वांगचुक' ने राज्य का कार्यभार सँभाला था। भूटान की राज्यप्रणाली और सरकार 1952 तक आते-आते पूरी तरह सुव्यवस्थित हो गई थी और डोरजी वांगचुक ने थिम्पू को अपनी राजधानी घोषित किया था। भव्य मॉनेस्ट्री 'पुनाखा डज़ोंग', 'मो-छू' और 'पो-छू' नदियों के संगम पर बना है और यह यहाँ के 'मॉन्क्स' या मठवासियों का शीतकालीन निवास स्थल है।

इस मॉनेस्ट्री की मुख्य प्रतिमा है श्री भगवान 'अवलोकितेश्वरा' की, जो तिब्बत के साथ विवाद का कारण बनी थी। और उसके लिए गर्व का कारण भी। अब हर वर्ष यहाँ 'ड्रोमचा' उत्सव मनाया जाता है। यह मॉनेस्ट्री बहुत ही नयनाभिराम चित्रों से सज्जित है जिसमें भगवान बुद्ध के अनेक रूप अनके मुद्रायें प्रधान हैं। मॉनेस्ट्री के मध्य में बड़ा सा आँगन है और उसके चारों ओर एक बॉल्कनी या बराँडा जैसा है जहाँ मठाधीश और मुख्य अतिथि पीले वस्त्र पहनकर बैठते हैं। आँगन के मध्य में नाटककार विभिन्न प्रकार के मुखौटे पहनकर हाथ में ढाल और तलवार लेकर पुरानी ऐतिहासिक तथा रहस्यमयी, दन्तकथाओं को प्रस्तुत करते हैं। गुरु पद्मसम्भव को यहाँ सबसे पहला राज्य-गुरु माना जाता है, उन्होंने आठवीं शताब्दी में भूटान में वज्रयान बुद्धिज़्म की स्थापना की थी। सारे मुखौटे गुरु के आठ अवतारों की विभिन्न मुद्राओं को प्रस्तुत करते हैं। इन नृत्यों में अभिनेता अपने तन-मन और आत्मा से भावप्रवण प्रस्तुति करते हैं जिससे देश की विनाशकारी प्रेत-आत्मायें दूर रहें। भूटान में थिम्पू और पारों में इन पुराने मुखौटों को संजोकर रखा गया है यह उनके ऐतिहासिक जीवन का एक मुख्य भाग है।

'पारों' भी थिम्पू जैसा सुन्दर शान्त शहर है। शहर का सारा का सारा वास्तु

शिल्प और हवाओं में वैसी ही धार्मिकता तथा भगवान बुद्ध के मन्त्रों से यहाँ की वायुमण्डल सुरभित है। 'पारो' में सबसे मुख्य मॉनेस्ट्री-प्रार्थनास्थल Taktsang ताकसंग है, जिसे आम भाषा में 'टाईगर-नैस्ट' भी कहते हैं। 'टाईगर-नैस्ट' में शायद शिव की सबसे ऊँची वे गुफ़ायें हैं जहाँ गुरु पद्मसम्भव ने तपस्या की थी और महायान प्राप्त किया था। यह 800 मीटर ऊँची पर्वत श्रेणी पर स्थापित है और कठिन यात्रा है। यहीं से उन्हें भूटान में वज्रयान बुद्धिज़्म को प्रचारित करने की प्रेरणा हुई थी। इस स्थल को पर्वतों की श्रेणियों, पेड़ों के विशाल तने, जल स्रोत सभी पर जैसे एक अदृश्य प्रभु-कृपा, आशीर्वाद के संचित चिह्न आज भी दृष्टिगोचर होते हैं। 'गुरु रिंचोफ' ने भी यहाँ समाधि-बुद्ध प्रार्थनायें की थीं। भूटान में 'गुरु रिंचोफ' को और उनकी जीवन की घटनाओं को ही अधिकतर मुखौटों के नृत्य या 'मास्क-डांस' में प्रदर्शित किया जाता है। हमारे होटल में शाम को उनका आयोजन था और उसे देखने का सुखद आनन्द भी हमें प्राप्त हुआ।

दूसरे दिन 'पारो' की 'डजोंग मॉनेस्ट्री' में भूटान के वर्तमान गुरु 'खेनयो पुन्तशोक ताशी' से भेंट हुई, पता चला उन्होंने भी बहुत तपस्यारत जीवन व्यतीत किया है और कुछ पुस्तकें लिखी हैं। वह शाम को हमारे होटल में पधारे और 'Invoking Happiness' जीवन में प्रसन्नता को प्रस्थापित करने के विषय में प्रवचन किया। बड़ा प्रभावशाली व्यक्तित्व था उनका। 'Invoking Happiness' नाम की पुस्तक भी वह साथ लाये थे। जो हमारी सहयात्रियों ने खरीदी, परन्तु मुझे उन्होंने भेंट की शायद इस कारण भी कि मेरी कविताओं की पुस्तक से वह प्रभावित थे जो मैंने उन्हें प्रथम भेंट के समय दी थी। उनका प्रवचन जीवन में सादगी और विचारों को आदर्शकारी बनाने के प्रति समर्पित था। मन में उस सुन्दर, शान्त और प्रार्थनाओं से सारगर्भित छोटे से भूटान से विदा लेकर चली तो आई मैं, परन्तु मन में बौद्ध मन्त्र ''ओउम् आनी पद्मे हुम'' आज भी दस्तक देता रहता है।

□□□